最后一个铁帽子王

爱新觉罗·奕劻的是是非非

马平安 著

中华书局

图书在版编目(CIP)数据

最后一个铁帽子王:爱新觉罗·奕劻的是是非非/马平安著.
—北京:中华书局,2016.1
ISBN 978-7-101-11261-0

Ⅰ.最… Ⅱ.马… Ⅲ.爱新觉罗·奕劻(1838~1917)-人物
研究 Ⅳ.K827＝52

中国版本图书馆 CIP 数据核字(2015)第 239536 号

书　　名	最后一个铁帽子王:爱新觉罗·奕劻的是是非非
著　　者	马平安
责任编辑	张荣国
出版发行	中华书局
	(北京市丰台区太平桥西里 38 号　100073)
	http://www.zhbc.com.cn
	E-mail:zhbc@zhbc.com.cn
印　　刷	北京天来印务有限公司
版　　次	2016 年 1 月北京第 1 版
	2016 年 1 月北京第 1 次印刷
规　　格	开本/710×1000 毫米　1/16
	印张 13¼　插页 4　字数 200 千字
印　　数	1-5000 册
国际书号	ISBN 978-7-101-11261-0
定　　价	48.00 元

慶親王

前　言

　　爱新觉罗·奕劻是晚清政坛上一位重量级人物。他占据了清王朝的好几个"之最"：

　　他是晚清首贪。他贪污纳贿的本事，在清朝历史上似乎只有乾隆时期的和珅可与其一比；

　　他是清朝最后一位首席军机，又是首任内阁总理大臣。在清朝最后的时间里，他实际上是能够主宰这个帝国命运走向的为数不多的几个掌舵人之一；

　　他是清朝历史上最后一个铁帽子王。自他以后，清王朝再也没有加封世袭罔替王爵者。

　　此外，他还是五朝元老。从道光三十年（1850年）年袭辅国将军起，身历道光、咸丰、同治、光绪、宣统五朝，亲身见证了这个王朝是如何从衰世走向覆亡，时间跨度超过半个世纪。他很会做官。他是清朝乃至中国历史上做官时间最长的人之一，是晚清官场的一根常青藤，用清朝第一官场不倒翁称呼他也不为过。

　　作为首席军机、内阁总理大臣与皇族亲贵，庆亲王奕劻是光宣政局变动中的关键人物。自光绪二十九年（1903年）起，大清国的内政外交几乎均操其手。因其在20世纪中国政坛上的特殊地位与影响，奕劻的名字几乎为西方各国所知晓。但是，关丁奕劻的研究，迄今为止,仍然十分薄弱,学界只有零星的论说,缺乏系统性的成果。其原因,主要是奕劻本人没有文集与日记传世,资料十分缺乏,因而深入研究这个人物困难很大。

今天,人们一提起"铁帽子王",大多立刻与奕劻挂起钩来。实际上,清朝的铁帽子王不止奕劻一人,他也不是最出名的铁帽子王,只不过奕劻长袖善舞,娴熟宦海之术而已。所谓的"铁帽子王",不过是清朝世袭罔替王爵的一种俗称。这种制度发端于清初皇太极时期,定制于清中期乾隆年间。有清一代,共封有十二位铁帽子王。他们是礼亲王代善、睿亲王多尔衮、郑亲王济尔哈朗、豫亲王多铎、肃亲王豪格、成亲王岳托、颖亲王萨哈廉、承泽亲王硕塞、怡亲王允祥、恭亲王奕䜣、醇亲王奕譞、庆亲王奕劻。在这十二位世袭罔替的王爷中,前八位是在清朝开国之初立下赫赫战功的皇室宗亲;后四位则是在清朝中后期因为辅佐雍正皇帝及慈禧太后有功而受封的(奕䜣则在道光皇帝遗嘱中已经恩封恭亲王)。自皇太极创制"铁帽子王"开始,经顺治、康熙、雍正数朝,"铁帽子王"已名存实亡。乾隆四十三年(1778年),乾隆皇帝见王爵制度紊乱,遂对其重新进行审定,并将爵位世袭罔替的制度明确颁行。此制度把王爵分为"军功"和"恩封"两部分。凡是因战功所得王爵,一律"世袭罔替";凡恩封得到的爵位,则必须"以次递降",即每袭一次降一等,至奉恩将军截止,从此划清了"铁帽子王"与一般王爵的界限。也就是说在乾隆之前,"铁帽子王"的爵位或降或削,并没有同时存在过,直到乾隆皇帝给他们厘清世系,恢复爵位名号,宗室王爵世袭罔替之制才终于明确下来,"铁帽子王"的俗称也才最终形成。清代皇帝推行的世袭罔替的宗室分封制度,本是树立中央权威、稳固统治的需要。与以往朝代相比,清朝对宗室诸王的管理十分严格,即使是铁帽子王也有错必惩,动辄获咎,亲王、郡王的名号犹如铁帽子可以世袭罔替,但戴铁帽子的人则可以随时更换,只要犯法，铁帽子王一样要被问罪，其实一点都不"铁"。清朝的封爵制度对诸王的约束显得简约而严厉。宗室诸王有封号而无封地，亦无属国，只能在京城王府居住，不得随意离开，他们不能到地方任职，无法干预地方政务，更不能掌握军队。历史进入晚清，情况才稍微有所变化，奕劻因为辅佐慈禧太后稳固统治有功，光绪十年（1884年）十月，进庆郡王。光绪二十年（1894年），"太后六十万寿，懿旨进亲王"（《清史稿》，第9097页）。光绪三十四年（1908年）宣统皇帝即位后，因为奕劻第一顾命大臣的身份以及位高权重的地位，监国摄政王载沣又以宣统皇帝的名义颁布诏书："朕入承大统，登极礼成。已敬谨恭上皇太后徽号。巨典昭垂，允宜覃敷恩泽。惟思推恩之序，又宜首重亲贤。庆亲王奕劻，公忠体国，懋著贤劳。庚子以来，顾全大局，殚心辅弼，力任其难，厥功甚伟，应加优赏，用奖勋猷。加恩著以亲王世袭罔替。王其敬承恩命，毋得固辞，蓝笔谕旨缴进，钦此。"（《光绪宣统两朝上谕档》，第34册，第295页）明确命奕劻"以亲王世袭"（《清史稿》，第9098页），从而确立了他的铁帽子王的地位。1912年，随着清室逊位、民国肇建，清朝的铁帽子王制度永远地退出了历史舞台，奕劻便成为清朝历史上最后一位所谓的铁帽子王。至于有关他的是是非非，本书将逐步加以探讨。

目 录
CONTENTS

第一章

家世背景

使皇帝多如雨落,亦不能滴吾顶上,惟求诸兄见怜,将和珅府第赐
居,则吾愿足矣!

——永璘

乾隆皇帝弘历

爱新觉罗·奕劻是乾隆皇帝第十七子永璘的孙子。因此,奕劻的
家世背景最早可以溯源自乾隆皇帝。

乾隆皇帝,名弘历,是雍正皇帝第四子。雍正皇帝即位后,汲取
乃父康熙皇帝立储的教训,实行秘密建储之法,选定弘历。同时,又从
雍正元年(1723年)开始,"妙选天下英贤"如朱轼、张廷玉、徐元梦、
嵇曾筠、蔡世远、鄂尔泰、蒋廷锡等满汉名臣硕儒对弘历进行讲读与辅
导。[①]这样,从少年时期开始,弘历便系统地接受了儒家思想以及其
他传统文化的教育。几年中,"熟读《诗》《书》、四子","精研《易》、
《春秋》《戴氏礼》、宋儒性理诸书,旁及《通鉴纲目》《史》《汉》、八
家之文"。[②]

雍正十一年(1733年)二月,雍正皇帝封弘历为和硕宝亲王,并
令他参加了对西北准噶尔用兵和此后进行的平定贵州苗疆叛乱等重
大军事活动。应该说,到雍正皇帝去世时,弘历本人已经具备了作为
一个君主所必不可少的文化素养和一定的治国理政的能力。

雍正十三年八月二十三日(1735年10月8日),雍正皇帝在圆明
园患急症突然去世。

---

①《乐善堂全集定本·稽古斋文钞序》。
②《乐善堂全集定本·朱轼序》。

这一事件虽然出人意外,然而,由于雍正皇帝生前对继嗣问题预有布置,因而,他死后最高权力的过渡进行得十分顺利。受雍正皇帝之托,大臣张廷玉、鄂尔泰和其他几位宗室皇亲本着国不可一日无君的思想,立即着手拥立嗣君。首先是张廷玉提议取出当年雍正皇帝的建储密旨,当着众大臣的面在灯下宣读,公开确定了弘历的嗣皇帝身份。随即,弘历根据雍正皇帝于雍正八年(1730年)六月对后事预作的安排,任命庄亲王允禄、果亲王允礼、大学士鄂尔泰、张廷玉四人为辅政大臣。而后,准噶尔、苗疆军务和其他军政重大事务都及时地得到了妥善处理,治丧工作也有条不紊地进行。八月二十七日(10月12日),雍正皇帝遗诏被颁发于全国,九月初三日(10月18日),弘历继位于紫禁城内的太和殿并向全国颁布登极诏书,大赦天下,改明年(1736年)为乾隆元年,颁乾隆新历,铸乾隆通宝。九月十九日(11月3日),九月二十七日(11月11日)服满,弘历移居养心殿。至此,弘历在全国的最高统治地位初步确立下来。

乾隆皇帝在位六十年,他在前人的基础上,将清王朝托上了繁花似锦的盛世时代。其间的文治武功,为大家所熟悉,这里不再述及。在此仅对与奕劻家族、家世有关的建储、传位等事略作一些说明。

清朝前期,雍正皇帝创立的秘密建储制度,对于加强皇权、安定政局、巩固统治起到了十分重要的作用。但在乾隆皇帝即位之初,由于受传统建储观念的影响以及缺乏政治经验,他对乃父的秘密建储制度的认识远远不足。在他看来,秘密建储不过是一种"酌权剂经之道,非谓后世子孙皆当奉此以为法则也"。①对于储君人选标准,他也拘泥于中国传统的立嫡立长之旧规,对顺、康、雍三帝和他自己皆不是以"元后正嫡绍承大统"深表遗憾,并为此而暗下决心,"必欲以嫡子承

①《清高宗实录》卷22,乾隆元年七月甲午。

统,行先人所未曾行之事,邀先人所不能获之福"。①因而,乾隆元年（1736年）七月,乾隆皇帝即首次秘密建储,他将富察氏皇后所生的皇二子永琏内定为储君。乾隆三年（1738年）十月,永琏病殁之后,他又想将皇后所生之皇七子永琮内定为储君。然而,就在他迷恋于中国传统宗法制度那一套立嫡立长的时候,乾隆十二年（1747年）底和乾隆十三年（1748年）初,他心目中的建储对象永琮和富察氏皇后又先后死去。至此,乾隆皇帝建储立嫡的愿望完全落空。而在此时,皇长子永璜和皇三子永璋对皇后之死不但"并无哀慕之忱",甚至还有幸灾乐祸之意。这让乾隆皇帝十分恼火,当即严加训斥,并对他们觊觎储位的非分之想予以严厉警告:"此二人断不可承继大统"、"伊等若敢于朕前微露端倪,朕必照今日之旨,显揭其不孝之罪,即行正法。"②经过这一事件的打击,乾隆皇帝汲取教训,才认识到,"建储一事,亦如封建井田,固不可行之近世也"。③

为了防止争储夺嫡的悲剧重演,乾隆皇帝加强了对诸皇子的管理。主要举措有:

1.加强对诸皇子的教育。

据在当时入值军机处的著名文人赵翼记载,每日五更,皇子们便按照规定进入书房读书作诗文,"每日皆有程课"。此后,"又有满洲师傅教习国书、习国语及骑射等事,薄暮始休"。④对于学业不佳、骑射不优或不经奏闻擅自行动的皇子,则立即予以斥责和惩罚。对于"平日怠惰,不能尽心课读"的师傅,更是或罚俸,或革职。⑤

2.对皇子们的待遇严加限制。

---

① 《清高宗实录》卷305,乾隆十二年十二月乙酉。
② 《清高宗实录》卷317,乾隆十三年六月甲戌。
③ 《清高宗实录》卷450,乾隆十八年十一月壬子。
④ 赵翼:《檐曝杂记》卷1,皇子读书。
⑤ 《清高宗实录》卷481,乾隆二十年正月庚子。

据《清高宗实录》记载,乾隆三十年(1765年)十一月以前,除皇四子永城、皇六子永瑢因分别出继履亲王允祹和慎郡王允禧而得赐爵位外,其他全部皇子一概没有任何爵位,而且,对于封有爵位的那两个皇子也严格限制其器用服饰,规定"一应服用,仍应照皇子之例"。[①]对皇子限制之严、待遇之低都超过了历史上的任何一朝君主。

3.在没有物色到合适的储君人选以前暂不秘密建储。这样,经过乾隆初年建储过程中的一系列波折,乾隆皇帝才回到雍正皇帝的原来立场上。

乾隆三十八年(1773年),对于年已六十三岁的老皇帝来说,建储一事刻不容缓。经过反复考虑,乾隆皇帝再次秘密建储。由于乾隆皇帝在位已近四十年,各种政治经验已相当丰富,因而,这次建储,做得特别秘密。建储之前,并未就建储时机和储君人选与任何人商量,书写建储密旨并将之藏于乾清宫"正大光明"匾额之后,也没有召集诸王、文武大臣宣示。只是在这一切办妥之后,才将此事谕知军机大臣。建储之后,乾隆皇帝一方面利用二十多年的时间对储君的品质和才能进行长期考察,一方面又恩威兼施,进一步加强对其他皇子的控制。尤其是对诸子与外廷官员来往继续严加禁止,一旦发觉,涉及人员严惩不贷。

为防止传统建储观念破坏自己的建储大计,乾隆皇帝还利用一切机会对传统建储理论及其弊端进行了深刻的批判。

乾隆皇帝曾言:"秦汉预立太子,其后争夺废立,祸乱相寻,不可枚举。"[②]所以如此,在于"有太子然后有门户",[③]"盖一立太子,众见神器有属,幻起百端,弟兄既多所猜嫌,宵小且从而揣测,其懦者献媚

---

①《清高宗实录》卷921,乾隆三十七年十一月庚戌。
②《清高宗实录》卷1189,乾隆四十八年九月戊午。
③《清高宗实录》卷1066,乾隆四十三年九月乙未。

逢迎以陷于非,其强者设机媒孽以诬其过,往往酿成祸变,遂至父子之间,慈孝两亏,家国大计,转滋罅隙"。对于立嫡立长的传统建储原则,他也不遗余力地加以批驳。"至于立嫡立长之说,尤非确论";"纣以嫡立而丧商,若立微子之庶,商未必亡也。"① 因而,他断言:"建储册立,非国家之福,召乱起衅,多由于此。"②

为使广大臣民尤其是诸皇子汲取历史教训,防止骨肉之争,乾隆四十八年(1783年)十月,乾隆皇帝特命诸皇子、军机大臣、尚书房总师傅等将历代册立太子事迹可供鉴戒者,编成《古今储贰金鉴》一书。此外,为了让广大臣民了解秘密建储制度的意义,他还从其动机和效果两个方面多次进行了全面的论述。对于推行这一制度的动机,他认为,"盖不肯显露端倪,使群情有所窥伺,此正朕善于维持爱护之深心也"。对子秘密建储的效果,他则以康熙皇帝临终时"一言而定大计",以致雍正皇帝即位后"内外帖然";以及自己借建储密旨即位后"人情亦甚辑宁"为例,指出,"此即不建储之益,固天下臣民所共见共闻者也"。③ 据此,他认为,"不可不立储,而尤不可显立储,最为良法美意"。为了防止后世子孙废弃这一重要制度,乾隆后期,乾隆皇帝多次宣称,秘密建储是本朝重要"家法",并要求"世世子孙,所当遵守而弗变"。④ 他还断言,如果后世子孙放弃这一制度,恢复古制,必至"酿成大祸"。由于乾隆皇帝的反复阐述,秘密建储制度普遍地为统治集团中的各阶层所理解和接受。因而,尽管其子息甚多,而且其中不少人都觊觎储位,但是一直到其在位之末年,始终没有发生像康、雍之际皇位交替之时皇室内部骨肉相残的情况,乾隆皇帝的最高统治地位也一直极为稳固。就是在这样的情况下,值乾隆皇帝八十五岁高龄

---

①《清高宗实录》卷1067,乾隆四十三年九月丁未。
②《清高宗实录》卷1189,乾隆四十八年九月戊午。
③《清高宗实录》卷1066,乾隆四十三年九月乙未。
④《清高宗实录》卷1067,乾隆四十三年九月丁未。

之际,他举行了传位大典,传位给嘉庆皇帝,自己过起了太上皇生活。

事实表明,由于乾隆皇帝对建储问题的重视,以及对诸皇子的严格约束,他在位期间,虽然诸皇子对皇位有觊觎之心,但并不敢公然争夺,嘉庆皇帝继位属于和平过渡。在嘉庆皇帝诸兄弟中,更由于永璘的低调与谨慎,还曾演出下列一段精彩的故事。

庆僖亲王永璘

永璘是乾隆皇帝的第十七子,嘉庆皇帝的同母弟。他生性淡泊,对皇位争夺没有兴趣。

据史料记载,和珅是乾隆末年最大的暴发户,他的房屋财产及珍宝珠玩早已引起乾隆皇帝诸子的垂涎。

永璘曾直言不讳地向诸兄长们袒露心迹,他表示自己无意于角逐嗣皇帝宝座,最高理想就是获得和珅的府第:"使皇帝多如雨落,亦不能滴吾顶上,惟求诸兄见怜,将和珅府第赐居,则吾愿足矣!"[①]此语虽含玩世不恭的口吻,倒也是永璘真情的流露。

言者无心,听者有意。

果然,嘉庆帝亲政后,处理的第一件实政就是制裁和珅,并将和珅府第"赐永璘"。[②]

这件事情的大致经过要从和珅说起。

和珅相貌出众,才思敏捷,又会察言观色,善于揣摩乾隆皇帝的心思,更有一口伶牙俐齿,善于插科打诨,能够在君臣关系严肃有余的情况下,让乾隆皇帝感到放松。凭借这几样法宝,和珅很快就成为乾隆皇帝晚年身边须臾不可缺少的弄臣。

---

① 昭梿:《啸亭杂录》(续录)卷5,庆僖王。
② 赵尔巽等:《清史稿》,中华书局1976年版,第9096页。

和珅虽身为大臣,却终日在乾隆皇帝身边奔走扶掖,在重大典礼及接见外国使臣的场合,亦无所不至地照料着乾隆皇帝的生活琐事。对此,早在乾隆五十年(1785年),朝鲜使臣便颇有微词,称:"彼朝上下全没仪节……惟和珅、福长安辈数人,俱以大臣常在御前,言不称臣,必曰奴才,随旨使令,殆同皂隶,殊无礼貌,可见习俗之本然。"①乾隆五十七年(1792年),朝鲜使臣又有如下记载:"皇帝如咳唾之时,和珅以溺器进之,纪纲可知。"②除了照料乾隆皇帝的日常生活外,和珅还以善谑调剂森严肃穆的宫廷气氛。礼亲王昭梿曾言:"和相虽位极人臣,然殊乏大臣体度,好言市井谑语,以为嬉笑。尝于乾清宫演礼,诸王大臣多有俊雅者,和相笑曰:'今日如孙武子教演女儿兵矣!'"③据说当时王公贵族有傅粉涂脂者,和珅所谓女儿兵即讥讽此种情状。正因为和珅善于捕捉笑料,幽默风趣,故深得乾隆皇帝的欢心,主眷日隆。

不过,和珅在政治上飞黄腾达,主要的因素还是由于他的聪慧过人。

与不学无术的一些满洲贵戚相比,和珅能背诵《论语》《孟子》等传统典籍,也颇谙熟时事政治;而与汉族大臣相比,他既通晓满汉文字,又能粗通蒙古、西番文字。因此,遇有重大军政决策,和珅均能"承训书谕",着实让乾隆帝感到惬意。

正因为如此,乾隆五十三年(1788年),和珅晋封三等忠襄伯,为图形紫光阁的二十名功臣之一,并且有御制赞诗曰:"承训书谕,兼通清汉。旁午军事,惟明且断。"乾隆五十七年(1792年),廓尔喀平定,和珅又作为十五名功臣之一而图形紫光阁。乾隆皇帝再一次褒赞他"清文、汉文,蒙古、西番,颇通大意,勤劳书旨,允称能事"。乾隆皇帝

---

① 吴晗辑:《朝鲜李朝实录中的中国史料》第11册,中华书局1980年版,第4762页。
② 吴晗辑:《朝鲜李朝实录中的中国史料》第11册,中华书局1980年版,第4840页。
③ 昭梿:《啸亭杂录》卷9,和相善谑。

在赞诗中加注曰："去岁用兵之际，所有指示机宜，每兼用汉、清文，此外颁谕达赖喇嘛及传谕廓尔喀敕书，并兼用蒙古、西番字，臣工中通晓西番字者，殊难其人，惟和珅承旨书谕，俱能办理秩如。"[1]

对于军国大事，乾隆皇帝乾纲独断，并不需要臣工有治国安邦那样的雄才大略。相反，小有才智，善解人意，能够无差错地"承旨书谕"，才是这位专制皇帝需要的人臣。和珅恰恰符合这一条件，这是他能获得乾隆皇帝长期宠信不衰的根本所在。

据史料记载，和珅的机敏，亦为朝廷上下所公认。当时便有传说，说和珅过目不忘，办事效率高。就连嘉庆帝后来处置和珅时，亦不得不在御批中承认其"小有才，未闻君子之大道也"。[2]

和珅以一微不足道的御前侍卫，靠服侍乾隆皇帝和能机敏承旨而发迹，成为清朝历史上最大的政治暴发户。

乾隆皇帝耄耋之年，精力不济，和珅乘机揽权用事，除了继续掌管吏部、刑部、户部及户部三库、崇文门监督等实权部门外，更进而把持军机处，并用印文传知各省，抄送折稿时，另以副封关会军机处。

清代是君主专制独裁发展到顶峰的时代。其表现之一，即是康熙皇帝、雍正皇帝创立的密折陈奏制度与军机处机构。军机处是皇帝行使权力的中枢机构，军机大臣都是皇帝精心挑选的忠诚可靠者，他们秉承皇帝的旨意承办军机大事，直接对皇帝负责。军机大臣不准与部院大臣及督抚、将军交往。密折陈奏制度是皇帝和大臣单线书面联系的渠道。大臣及各省的布政使、按察使以及个别经过特许的道府、知县等中下级官吏均可将所见所闻写成密折，盛以特制的木匣直达御前，由皇帝亲自开拆批示。皇帝的朱批也同样照此下传。各级官员之间绝对不许私下互通奏折及朱批的内容。这个制度能使下情上达，

---

① 鄂尔泰纂：《八旗通志》二，卷首六，天章。
② 梁章钜：《浪迹丛谈》第 6 卷，中华书局 1981 年版。

便于皇帝迅速地了解各地情况，成为清代皇帝直接控制操纵地方官员的情报网。各级官员们亦因此而如履薄冰、小心谨慎，彼此戒备防范，有所顾忌。但是，和珅控制了军机处后，不经请示乾隆皇帝就任意撤换军机处记名人员，以印文形式命令各省：将直呈御览的密折另抄一份，投送军机处。所谓"副封关会军机处"，实际上就是先交和珅过目。据朝鲜使臣的冷眼观察，认为和珅即便如此跋扈张狂，也未必有心僭越乾隆皇帝，只不过是借此"预知所奏事件，作为应对便捷，而以显其能。故督抚等先将奏稿私书质问，便成已例"。[①]和珅的这种做法，客观上造成并助长了内外大臣"通同扶饰"的弊病，破坏了康、雍二帝苦心创建的密折陈奏制度，更架空了颠顸老迈的乾隆皇帝。这深为嘉庆皇帝所忌恨。

另外，和珅还利用审查贡品的权力，明目张胆地大肆侵吞内外大臣的贡品。纳贡本是皇帝的特权，和珅竟敢公然将贡品据为己有，"四方进御之物，上者悉入珅第，次者始入宫也"。据说，"孙文靖士毅归自越南，待漏宫门外，与珅相直。珅问曰：'公所持何物？'文靖曰：'一鼻烟壶耳。'索视之，则明珠一粒，大如雀卵，雕成者也。珅赞不绝口，曰：'以此相惠可乎？'文靖大窘曰：'昨已奏闻，少选即当呈进，奈何！'珅微哂曰：'相戏耳，公何见小如是。'阅数日，复相遇直庐，和语文靖：'昨亦得一珠壶，不知视公所奉者若何。'持示文靖，即前日物也。文靖方谓上赐，徐察之，并无其事。乃知珅出入禁庭，遇所喜之物，径携之以出，不复关白也。其权势之恣横如此。"[②]这一记载虽系传闻，但事出有因，和珅随便截留进献皇帝的贡品却极可能是历史的真实。

副封关会军机处及截留贡品，均为嘉庆皇帝所不能容忍，他深知

① 吴晗辑：《朝鲜李朝实录中的中国史料》第12册，中华书局1980年版，第5019页。
② 李岳瑞：《春冰室野乘·纪和珅遗事》。

长此以往,皇帝就有大权旁落之虞,无奈碍于太上皇春秋已高,宫中又少不了这位宠臣而不便动手。因此,一俟太上皇龙驭上宾,嘉庆皇帝独踞金銮宝座,便立即果断处置了和珅。

嘉庆四年正月初三(1799年2月7日),即乾隆皇帝崩逝的当日,嘉庆帝不露声色,任命和珅参与总理乾隆皇帝葬仪,先稳住和珅,然后在暗地里加强自己的阵容:加封自己的兄弟子侄;下诏急调自己老师朱珪火速赴京;授意给事中广兴弹劾和珅。嘉庆皇帝处置和珅是与他收揽权力同步进行的。初五日(9日),针对和珅破坏军机处和密折陈奏制度,嘉庆皇帝重申:"凡九卿科道有奏事之责者,于用人行政一切事宜,皆得封章密奏。"①强调封章密奏,无异于宣布废除副封呈送和珅的旧规。至初八日(12日),嘉庆皇帝便急不可待地对和珅下了狠手。他召集群臣宣读乾隆皇帝遗诏,随后立即当众命令两位皇兄仪亲王永璇、成亲王永理出马,由勇士阿兰保仗剑随行,前往捕拿和珅及依附于和珅的福长安,将他们革职下狱,查抄家产。随后,嘉庆皇帝又下旨令永璇总理吏部,永理总理户部及三库,绵恩任步军统领,凡以前和珅所把持的枢要部门,皆被嘉庆皇帝的兄弟子侄或心腹亲信所接管。

十一日(15日),嘉庆皇帝向内阁正式宣布和珅罪状。

十八日(22日),清廷宣布:鉴于和珅曾为首辅大臣,为国体起见加恩宽大,特赐令自尽。福长安则被押往和珅内室,跪视和珅自尽,因福长安过去常为乾隆皇帝沏茶倒水,特派遣他到裕陵充任供茶拜唐阿。和珅的弟弟和琳因早已在川楚军前病逝,他曾缘军功配享太庙,设立专祠,至此时也被明令撤出太庙、拆毁专祠。和珅的儿子丰绅殷德因系固伦额驸,看在他妻子十公主的面子上仍保留伯爵封号,令其

①《清仁宗实录》卷37,嘉庆四年正月甲子。

在家闲住。

嘉庆皇帝处置贪官和珅，在政治上维护了皇权，巩固了自己的统治地位，在经济上更是收益丰饶。和珅案后，嘉庆皇帝果真满足了当初不争皇位争府第的弟弟永璘的愿望，将和珅府第的一半分给了他，另一半分给了妹妹十公主，而和珅的园林则分给兄长成亲王永瑆。永璘住进和珅府第之初，这所和珅故宅称惠郡王府，后随着永璘的封号由惠郡王改为庆郡王，这座王府亦改称庆郡王府。

可以说，永璘在嘉庆初年得到的实惠无人能及。嘉庆皇帝之所以恩宠永璘，一奶同胞固然是重要原因，而永璘的"不争"和"听话"更是重要因素。当初，雍正皇帝和十四阿哥允禵也是一母所生，却兄弟猜忌，终生不睦，究其原因，就在于十四阿哥允禵的"争"和"不听话"。

和珅家私庞大。据同、光年间的大臣薛福成在《庸盦笔记》中记述，嘉庆四年正月十七日（1799年2月21日），嘉庆皇帝发布上谕，宣布查抄结果："前令十一王爷、盛住、庆桂等查抄和珅家产，呈送清单，朕已阅看，共一百零九号，内有八十三号尚未估价，将原单交八王爷、绵二爷、刘中堂、盛住，会同户、工二部，悉心公同估价，另单具奏。已估者二十六号，合算共计银二万二千三百八十九万五千一百六十两，着存户部外库，以备川、陕、楚、豫抚恤归农之需。"①仅数天功夫，查抄财产的四分之一就达2.2亿两银之巨，相当于同时期大清国国库五年收入之和。

和珅死后，他的财产又陆续被清出许多。这个清朝第一大贪官，由于贪欲无度，不仅没有保住自己的首级，而且死后所贪资产也全部充公，徒给后人留下一段笑料。

不料，多年以后，在贪官和珅的这所府邸，又产生了另一位能与和

---

① 薛福成：《庸盦笔记》卷3，查抄和珅住宅花园清单。

珅的腐败并驾齐驱的大贪官奕劻。这个在清末数年握有政府大权而又缺乏监督的腐败高官，直将清王朝这艘破船引向覆亡之地而使之触礁沉没。

庆郡王绵慜

历史上，有过庆亲王王爵的仅有三位。

第一位庆僖亲王永璘，前文已经述及。他是乾隆皇帝最小的儿子，乾隆五十四年（1789年）封贝勒。永璘与嘉庆皇帝同为孝仪纯皇后所生，兄弟两人感情深厚。所以，嘉庆四年（1799年）正月，乾隆皇帝去世，嘉庆皇帝亲政后，便恩封永璘为庆郡王，之后又将和珅府宅的大部及和珅名下的最大当铺"庆余当"一并赏给了永璘，另外和珅在热河的一处豪宅也成了永璘的产业。

关于庆郡王永璘，我们能看到的历史资料太少，无法还原、丰满和呈现这个历史人物的全貌。从《清史稿》的记载来看，只知道他是庆亲王奕劻的祖父。另外，他还是一个不太懂官场规则、不热衷权力角逐的亲贵王爷。有下列两件事可以佐证：

第一件事，嘉庆五年（1800年）正月，他"以祝颖贵太妃七十寿未奏明，命退出乾清门，留内廷行走"。

第二件事，嘉庆二十一年（1816年）正月，乾清宫筵宴，其子辅国公绵慜"就席迟，奕绍推令入座，拂堕食碗"，这本是一件可以忽略过去的小事情，但永璘还是将此事告诉了内奏事太监。不料，这倒犯了诸王不得交接宫内太监的规矩，让嘉庆皇帝感到不悦。嘉庆皇帝为此下旨罚永璘俸并警告："诸王奏事不得径交内奏事太监。"[1]

①赵尔巽等：《清史稿》，中华书局1976年版，第9096页。

从以上两个事例可以看出，永璘本人确实对官场上的事情没有兴趣，也不太懂得官场的规矩，他为人虽然小心谨慎，却不料还是处处触动忌讳。他不因自己儿子犯错而留情，反而因自己不懂规矩更触动了皇帝的忌讳。左也不是右也不是，他只能战战兢兢，如履薄冰，在惶恐中度日如年了。

至于庆郡王绵慜，历史上留下的资料就更少了。只知道他如乃父永璘一样，处事小心谨慎，唯恐引来不测大祸。《清史稿》中说：

> 子绵慜，袭郡王。绵慜奏府中有毗卢帽门口四座、太平缸五十四件、铜路镫三十六对。上谕曰："庆亲王府第本为和珅旧宅，凡此违制之物，皆和珅私置。嗣后王、贝勒、贝子当依《会典》，服物宁失之不及，不可僭逾，庶几永保令名。"府置谙达二，亦命裁汰。道光三年正月，赐绵慜三眼孔雀翎，管雍和宫、中正殿。十六年十月，薨，赐银四千治丧，谥曰良。上命再袭郡王一次。[1]

由上述史料可以看到，庆郡王绵慜处处小心，唯恐得咎。由绵慜死后道光皇帝给他的谥号"良"以及命该支再袭郡王一次的恩典来看，绵慜在世时的表现应该不错，因而才会得到道光皇帝这样的嘉奖。

袭爵风波

庆郡王绵慜死后，永璘一支出现了家族继承危机。

从历史资料来看，庆郡王绵慜去世前应没有留下自己亲生的子嗣。

道光十六年（1836年）十月，绵慜离世。道光皇帝赐银四千两为他治丧，同时以仪顺郡王绵志之子奕彩过继给绵慜为后，让绵慜这一支再袭郡王一次。由此可见，嘉庆、道光两代君王对永璘、绵慜这两代

---

① 赵尔巽等：《清史稿》，中华书局1976年版，第9096—9097页。

庆王还是相当满意的。这很可能与这两代庆王远离高层权力纷争、小心谨慎的作风有关。

前人栽树，后人乘凉。有了前代的基础，按理说庆王后代应该顺达才是，但事实却正好相反。嗣者奕彩是一个纨绔膏粱之人，他完全没有先辈那样的忧患意识与小心谨慎的处世态度。道光十七年（1837年）正月，道光皇帝念及两代庆王的风范，特意任命奕彩在御前行走，这是有意重用他的前奏。不料，这个第三代庆王是个扶不起来的阿斗。道光二十二年（1842年）十月，"奕彩以服中纳妾，下宗人府议处。奕彩行贿请免……事发，奕彩夺爵"。[①]这就是说，奕彩违反了大清律例中不得在国丧期举办婚庆之事的规定。尽管奕彩认为自己做得神不知鬼不觉，但金屋藏娇，服中纳妾不是一件小事，不满与觊觎他王位的大有人在，在事发交宗人府议处后，他还敢于行贿，企图过关。奕彩在太后大丧期间纳妾的举动，惹恼了道光皇帝，一道谕旨，"奕彩夺爵"。奕彩终于因为不检点而落了个身败名裂的下场，被撵出了庆王府。

事情到此还远不算完。

在奕彩被逮下交宗人府议处之日，有人欢喜有人愁。

叔伯侄子奕彩被夺爵的消息，引起永璘第六子绵性的贪念，他掐指细算，有了舍我其谁的冲动。

于是，绵性也蠢蠢欲动，上下奔走，"亦行贿觊袭王爵"，就是找路子往宗人府送钱。不料，有人将绵性所为密奏道光皇帝，道光皇帝由奕彩太后大丧期间纳妾而起的无名火尚未消散，如今又闻绵性贿赂宗人府败坏朝廷风气，勃然大怒，斥之"贿觊王爵"，接着下谕："遣戍盛京。"结果，偷鸡不成蚀把米，绵性不但没有能袭得庆王王爵，反而被

---

① 赵尔巽等：《清史稿》，中华书局1976年版，第9097页。

发配到盛京（今沈阳），亦落得个凄凄惨惨戚戚的下场。

不久，道光皇帝下旨，"以永璘第五子不入八分镇国公绵悌奉永璘祀。旋又坐事，降镇国将军"。[1]本该袭爵的绵性花钱买祸，自毁前程，这让庶出的永璘第五子绵悌捡了个便宜。不过，绵悌没袭上贝勒爵，连降三级，只承袭了个辅国将军的爵位。但是爵位虽降却没下令迁居，因为按定制，一降至辅国将军就得搬出王府另觅住处了。

绵悌奉嗣永璘后，很快又因犯法而被降为镇国将军。在郁郁寡欢中，道光二十九年（1849年），卒。

事情往往出于偶然。

就在庆僖亲王永璘嫡支后代屡因犯罪被夺爵以后，道光皇帝特命永璘第六子绵性之子奕劻为永璘的继承者，奉祀永璘。道光三十年（1850年），袭辅国将军。一夜之间，原本袭爵无望的奕劻反倒成为了这个家族丑闻事件中的幸运儿。奕劻本为永璘第六子、袭爵不入八分辅国公的绵性的长子，按理他可能承袭的最高爵位只能是镇国将军了。不料，造化弄人。原祀永璘的绵悌（奕劻的五伯父）辞世后，诏命奕劻为嗣子续奉永璘之祀。这对奕劻来说，无疑是天上掉下了个大馅饼。从此，奕劻一反前辈几代命运多舛的坎坷人生，从他开始，官阶爵位历年有加，顺风顺水，庆王府以此显贵，逐渐走上了巅峰。

---

① 赵尔巽等：《清史稿》，中华书局1976年版，第9097页。

第二章

性格作风

现时小儿载振,随扈行在当差,年幼无知,务恳推情关垂,随时指教,有所遵循,俾免愆尤,是所切祷。专此,再请时安。

——奕劻

低调谨慎

奕劻的性格特点之一是他在处理政事时所表现出来的低调与谨慎,这与其祖父永璘有一定的相似的地方。

奕劻登上大清国的外交舞台,是从光绪十年(1884年)开始的。

这一年,清政府的人事架构发生了重大变化。悍辣的慈禧太后在不到半个月的时间内,大规模地改组政府,重组军机处,完成了自她垂帘听政以来大清国最高领导层的人事变动。因为这次变动发生在甲申年,史称"甲申易枢"。甲申易枢后,慈禧太后任命奕劻替代奕䜣,全面主持大清国的外交工作,这是奕劻走向大清国政治舞台的开始。总理各国事务衙门的职能仅次于军机处,是晚清时期清政权中非常重要的一个机构。从此,奕劻在光绪朝紧紧附庸慈禧太后,宣统朝又依附隆裕太后,牢牢控制清朝外交权力直至清亡。

奕劻主持总署工作期间,性格"外圆内敛",做派低调谨慎,多思寡言,勤勉逢迎,这让他官运亨通、仕途获益。

光绪十一年(1885年),清政府设立海军衙门,奕劻受命会同醇亲王奕譞办理海军事务。他在处理海军事务时一直惟奕譞的马首是瞻,同时与实际主持海军工作的李鸿章经常书信往来,礼物相赠,对这位汉人权臣表现出少有的尊重。

光绪二十年(1894年),为应付对日战争,清政府成立督办军务处,奕劻又因为慈禧太后的信任,除担任总署要职外,也侧身其中,在督办军务处时期,他又以低姿态与慈禧信臣荣禄结下了深厚的友谊。

19世纪末20世纪初,正是中国内外矛盾交织,清政府内政外交极其虚弱的时期。

光绪二十四年(1898年)夏,在外国传教士较多的山东省,义和团运动兴起。

从义和团运动兴起到《辛丑条约》的签订,这段时间是奕劻主持清朝外交为中外瞩目的重要时期,也是奕劻谨慎性格尽显的时期。

义和团处于萌芽阶段,奕劻主张速即剿除。但当他发现慈禧太后政策摇摆不定、心思不可捉摸时,马上将自己的锋芒掩藏了起来。

光绪二十五年十二月(1900年1月),清政府颁发上谕:"近来各省盗风日炽,教案叠出,言者多指为会匪,请严拿惩办等因。惟会亦有别,彼不逞之徒,结党联盟,恃众滋事,固属法所难宥。若安分良民,或习技艺以自卫身家,或联村众以互保闾里,是乃守望相助之事。地方官遇事若不加分别,误听谣言,概目为匪,株连滥杀,以致良莠不分,民心惶惑……实办理之不善也……遇有民教词讼,持平办理,不稍偏重。"① 各国驻华公使对这份上谕十分不满,认为清政府对义和团不仅是宽恕,而且含有鼓舞的意向。十二月二十七日(1月27日),法国公使与美、德、英等国公使会商后,联合照会总理衙门,要求立即在官报上发布措辞严厉的上谕:镇压或取缔义和团。上谕中必须清楚说明:"凡加入其中任何一个结社或窝藏其任何成员者,均为触犯中国法律的刑事犯罪。"② 光绪二十六年正月二十二日(1900年2月21日),上述四国会同意大利公使再次要求总署答复,并要求与奕劻等大臣会晤。二月初二日(3月2日),英国公使窦纳乐与美国公使康格、

---

① 朱寿朋编:《光绪朝东华录》(四),中华书局1958年版,第4462页。
② 胡滨译:《英国蓝皮书有关义和团运动资料选译》,中华书局1980年版,第13页。

德国公使克林德、意大利公使萨尔瓦葛、法国使节唐瑞到总署,要求清政府发布严厉镇压义和团和大刀会的上谕并在官方公报上刊出。面对列强的逼迫,奕劻一方面表现出他与各公使的立场相同的姿态,一方面又表现出应有的耐心,向各国驻华使节做了三点解释:(1)清廷对制止民间结社是认真的;(2)将上谕直送有关巡抚,比登于公报快捷;(3)上谕之所以未提大刀会,是因为大刀会与义和团是一个组织。二月初七日(3月7日),总署以在官报上刊登上谕与惯例不合而拒绝五国要求。五使节见要求未被接受,又于初十日(10日)举行联合会议,竟然建议本国政府采取联合派海军到中国北部水域示威等措施。各国政府从自身长远利益考虑,没有采纳海军示威的建议。可是得知清政府任命毓贤为山西巡抚的消息后,各国使节认为这是对各国的公然挑衅。英、美、德、法四国于三月初七日(4月6日)再次照会总署,要求清政府在两个月之内剿尽义和团,否则将以水陆各军开入山东、直隶,"代为剿平"。与此相配合,英、法、美等国军舰于三月十三日(4月12日)在大沽海面进行了一次示威,向清政府施加压力。俄国公使格尔思在向窦纳乐表示反对示威的同时,又通过章京联芳转告奕劻不要忽视列强的警告:在义和团势力尚未扩大之时,"不要失去时机",尽快"将他们镇压下去"。[1]清政府对列强的警告未予重视,对义和团仍持暧昧态度,这就给义和团以进一步发展的机会。义和团在直隶各地迅速发展,就连少年儿童也成群练拳,正如《天津政俗沿革记》所记:他们"痛诋洋人,仇杀教民之语日有所闻,习拳者益众"。[2]不久,义和团很快又在京师出现。光绪二十六年三月(1900年4月),义和团在北京发布《最恨和约》等揭帖,并在东单裱褙胡同设立第一

---

①《格而思致尼古拉也维支伯爵电》(1900年4月5日),张蓉初译:《红档杂志有关中国交涉史料选译》,三联书店1957年版,第215页。

②《天津政俗沿革记》,《义和团史料》(下册),中国社会科学出版社1982年版,第961页。

个坛口，出现"毁教堂杀教士"①之事。正如《崇陵传信录》所载："京师演拳，始于三月间，不一月，其势渐盛。"②

义和团在京津的发展，使得列强各国异常担忧，驻华十一国公使于四月二十三日（5月21日）联合要求清政府严禁义和团。

二十四日（22日），奕劻考虑再三，决定将列强意见据实上奏，但他在奏折中没敢明确表达自己的意见。

面对各国不断的军事恫吓与外交抗议，身为总署大臣的奕劻十分矛盾，无论是站在清政府的立场，还是为不得罪列强各国起见，他都有必要建议清政府赶快采取有力措施，取缔义和团。但他首鼠两端，害怕引火烧身，并不直接表明自己的意见，而是在奏折中转引各驻华公使的要求，曲折地表达了自己的意思，冀望引起慈禧太后的高度重视。

二十七日（5月25日），慈禧太后批准了步军统领等衙门联合发布的《禁拳章程》，称义和拳民为"奸民"，甚至要"邻右同坐"，③实行株连。二十八日（26日），俄国公使格尔思和英国公使窦纳乐要求会见奕劻。翌日，奕劻分别会见两人，表示清廷已发出最严厉的训令，将逮捕和惩罚首恶分子，并保证各使馆的安全。这一表示在某种程度上缓解了各国公使的紧张与不满。但是，五月初二日（5月29日），各国违背国际通行惯例及国际法准则，竟然命令停泊于大沽口外的各国军舰派陆战队进入北京。这一决定引起清廷的恐慌，总署遂于初三日（30日）向各国发出照会，拒绝各国军队进京。各国公使对总署的照会置若罔闻，英、俄、美、日、法、意、德、奥八国军队分别进入北京，截至五月十二日（6月8日）进京人数已近千人，名曰"使馆卫队"，实乃八

---

① ［日］佐原笃介、浙西沤隐辑：《拳乱纪闻》，中国近代史资料丛刊《义和团》（一），上海人民出版社1957年版，第111页。

② 恽毓鼎：《崇陵传信录》，中国近代史资料丛刊《义和团》（一），上海人民出版社1957年版，第47页。

③《严禁拳匪妥立章程由》，《义和团史料》（下册），中国社会科学出版社1982年版，第701、702页。

国联军之先遣部队。从此时起，奕劻开始围绕八国联军的进犯展开外交活动。

五月初九日（6月5日），英国公使窦纳乐就英国一名传教士在永清县被杀和一人被抓事件到总署会晤奕劻，奕劻对传教士被害表示"极为遗憾"，窦纳乐感到"满意"。但窦纳乐指出：不镇压义和团将会导致外国干涉。奕劻向窦纳乐竭力表白，他是坚决主张镇压义和团的，但他的立场未得到清廷最高层的认同，他自己"已无力挽救局势"。[1]据窦纳乐说，在御前会议的当天（6月6日），"总理衙门的译员联芳前来看我，他常常作为庆亲王的使者进行活动。我利用这个机会对他谈起觐见的想法，说觐见的目的是为了支持庆亲王和总理衙门大臣们对镇压义和拳的愿望"。[2]

在五月初九日（6月5日）的会晤中，窦纳乐记下了当时的情况，充分说明了奕劻的圆滑与谨慎的性格：

> 庆亲王在和我会晤时，迅速作了例行的遗憾的表示，而在前一天的会晤时是如此明显地没有这个表示的。但是，当他处理镇压义和拳问题的时候，他回答我的责难所用的语气，据我看来，意味着他心中同意我所说的话，而且他曾在高级官员中极力陈述同样的看法，但毫无效果。……庆亲王在谈到义和拳的时候所用的毫无希望和无能为力的语气，给我的印象如此深刻，所以我回到使馆之后，便致电舰队司令，询问他是否能够再调拨七十五名士兵。……我的会晤的另一结果，就是使我确信长期以来我所怀疑的事情：总理衙门即使有庆亲王作为它的发言人，已不再有效地代表中国统治势力；同时我感到，他作为推动中国政府的一个杠

---

① 胡滨译：《英国蓝皮书有关义和团运动资料选译》，中华书局1980年版，第26—27页。
② 胡滨译：《英国蓝皮书有关义和团运动资料选译》，中华书局1980年版，第85页。

杆,正在彻底瓦解。①

由此可知,窦纳乐此时的判断是,总理衙门"作为推动中国政府的一个杠杆,正在彻底瓦解"。②他开始设法接触清廷最高决策层,即觐见光绪皇帝和慈禧太后,进行"抗议"。③各国驻华公使协商后一致认为:

(一)鉴于慈禧太后及其顾问中更保守的人物对义和团排外运动的同情,京津地区局势会"日益严重";

(二)如果慈禧太后袒护义和团的态度不转变,在没有一个或一个以上的国家武装占领北京的情况下,不仅京城会"发生起事",还可能引起各省"叛乱";④

(三)决定继续向北京附近增派军队。⑤

从五月十四日(6月10日)开始,各国公使和舰队司令先后接到本国政府授予的全权,可视局势变化不受任何约束地采取措施。于是,列强集结于天津租界的八国联军二千余人开始向北京进军。

同一天,内阁明发上谕:"端郡王载漪,着管理总理各国事务衙门,礼部尚书启秀、工部右侍郎溥兴、内阁学士兼礼部侍郎衔那桐,均着在总理各国事务衙门大臣上行走。"⑥载漪、启秀、溥兴、那桐对义和团主抚,这一任命让各国公使感到极度不安。列强加速向北京运送军队。仅十四日(10日)这一天就有三列火车由天津向北京运送2053人,而且军队人数不断增加。对于各国军队入京,清廷极为关注,慈禧太后从确保自己的统治地位出发,坚决反对西摩尔联军进京。故于

---

① 胡滨译:《英国蓝皮书有关义和团运动资料选译》,中华书局1980年版,第83—85页。

② 胡滨译:《英国蓝皮书有关义和团运动资料选译》,中华书局1980年版,第85页。

③ 胡滨译:《英国蓝皮书有关义和团运动资料选译》,中华书局1980年版,第27页。

④ 胡滨译:《英国蓝皮书有关义和团运动资料选译》,中华书局1980年版,第27页。

⑤ 胡滨译:《英国蓝皮书有关义和团运动资料选译》,中华书局1980年版,第28页。

⑥ 林树惠、金家瑞辑:《有关义和团上谕》,中国近代史资料丛刊《义和团》(四),上海人民出版社1957年版,第17页。

十五日（11日）令总署大臣许景澄、袁昶到俄、英、法、美各使馆慰问各公使，劝说各公使命令联军停止前进。十六日（12日），总署又多次派大臣与各公使继续交涉，但均不得要领。在这种情况下，五月十七日（6月13日），慈禧太后发布上谕，令正在镇压义和团的聂士成率部扼守天津铁路，以阻止联军强行进京，并着驻扎大沽口的罗荣光"一体戒严，以防不测"。①同日，义和团开始"灭尽洋人教民，以兴清朝"。②随之攻教堂、毁洋房、杀教民之事屡有发生。五月十九日（6月15日），贝勒载濂在其所呈的奏折中提出："就大势言之，拳民总宜善抚，不宜遽剿。洋人总宜力拒，不可姑容。剿拳民则失众心，拒洋人则坚众志。人心之所向，即天心之所系，转移之机，即在于此。"③这个建议顺了慈禧太后的心思，引起慈禧太后的高度关注。

五月二十日（6月16日），慈禧太后召集御前会议，参加者有领班军机大臣礼亲王世铎、总理衙门大臣庆亲王奕劻、端王载漪等王公大臣及满汉要员71人，会上就对义和团的剿抚及对列强的和战问题，展开了激烈争论。在会上，感到无能为力而又不敢与慈禧太后想法有异的奕劻不发一言。当天散值后，袁昶找到奕劻、载漪和荣禄，陈述招抚拳会政策之不可行，声称即使洗剿东交民巷，战胜外兵，然开衅十一国，众怒难犯，恐坏全局。载漪听后大怒，而奕劻则神色沮丧，一句话也不说。面对载漪咄咄逼人的气势，圆滑且知道事已不可为的奕劻选择了以谨慎与沉默来应对。

事实上，奕劻当时的处境已经十分困难。慈禧太后以载漪取代奕劻为总理衙门大臣，这个人事变动，明确反映出奕劻与慈禧太后之

①《直隶总督裕禄折》（光绪二十六年五月十九日），《义和团档案史料》（上册），中华书局1959年版，第142页。

②中国科学院历史研究所第三所编辑：《庚子记事》，科学出版社1978年版，第12页。

③《贝勒载濂折》（光绪二十六年五月二十日），《义和团档案史料》（上册），中华书局1959年版，第146页。

间往日的信任关系已经发生了微妙的变化。此时的奕劻，虽未遭到严厉处分，实际上已被慈禧太后冷落，搁置到了一边。即使奕劻如此委曲求全，载漪、刚毅等掌权派还把奕劻看成了阻挠他们"抚团剿洋"的主要障碍之一。英国驻天津领事贾礼士在发给索尔兹伯理的一封信中说："在北京的主要政治家中间，庆亲王和大学士荣禄似乎已成为对端王或董福祥提督起牵制作用的仅有的人物。"[1]载漪曾有杀奕劻的念头。[2]连对奕劻向来宠信的慈禧太后，都威胁要杀他。当时，荣禄曾劝阻杀徐用仪等人。荣禄说："祖宗时不轻杀大臣，今诛之太骤，罪不明。臣亦见奕劻，奕劻言不可。"太后曰："奕劻喜与他人事耶？为我谢奕劻，行将及若矣！"高层如此，普通的义和团成员更是把奕劻当成了汉奸，京师地区出现了有关奕劻的揭帖。就在当天，京师义和团杀死了清军副都统神机营翼长庆恒。李希圣在《庚子国变记》中说："然拳匪专杀自如，载勋、刚毅不敢问。都统庆恒，一家十三口皆死。"[3]清政府虽多次强调要"统率"、"钤束"义和团，但义和团却并不那么俯首听命。在这种气氛下，奕劻看到义和团揭帖后的心情可想而知。从五月十四日（6月10日）上谕令载漪主管总理衙门事务之后，奕劻的表现更是处处小心，如履薄冰，轻易不置一言。

五月二十一日（6月17日），慈禧召开第二次御前会议。主和派重申第一次会议时的主张：绝不能依靠义和团与外国开战，否则后果不堪设想。此次会议上，光绪皇帝也明确表示不同意用义和团来抵制联军。户部尚书立山还列举若干事实，证明拳民"其术多不效"。主和派以及光绪皇帝的主张激怒了主战派首领载漪等人。载漪听了立

---

① 胡滨译：《英国蓝皮书有关义和团运动资料选译》，中华书局1980年版，第223页。
② 戚其章著：《论庚子事变中的和战之争》，《义和团运动与近代中国社会》，四川省社会科学出版社1987年版，第321页。
③ 李希圣：《庚子国变记》，中国近代史资料丛刊《义和团》（一），上海人民出版社1957年版，第22、15页。

山之言,气得火冒三丈,指责其既熟悉敌人,应派去退敌;立山亦反唇相讥:"首言战者载漪也,漪当行。臣不习夷情,且非其职。"①这时,慈禧太后出面进行调节,随之与会上诸王、贝勒及崇绮等二十余人支持载漪,表示"非战不可"。②慈禧太后最后宣布:"我为江山社稷,不得已而宣战。"③在这次重要会议上,庆亲王奕劻与第一次会议时一样,依然不言不语,他担忧向多国宣战,"众怒难犯,恐坏全局",故"神色沮丧,无语言"。④恰在此时,封疆大吏两江总督刘坤一、湖广总督张之洞等请总署转奏电报,电报的内容是坚决反对向列强宣战,袁昶上呈《请亟图补救之法以弥巨患疏》,主张"自剿"义和团,决不能靠"洋兵助剿"。⑤

鉴于朝廷内部与地方实力派集团对宣战有不同意见,慈禧太后又于五月二十二日(6月18日)召开第三次御前会议,仍"筹议和战"问题。会上,主战派占了上风,主张攻打使馆。虽然会后慈禧太后以载漪、奕劻、徐桐、崇绮主兵事,"有请无不从",惟奕劻遇事"支吾其间,嗫不敢言,取充位"⑥而已。敢于同载漪抗争的袁昶、许景澄、徐用仪和联元四人,不久即因反对宣战而先后被诛杀。五月二十三日(6月19日),慈禧太后在仪鸾殿主持第四次御前会议,决定向联军宣战,招抚义和团,攻打使馆区。会后派人到各国使馆送去照会,请各使"于

---

① 李希圣:《庚子国变记》,中国近代史资料丛刊《义和团》(一),上海人民出版社1957年版,第14页。

② 袁昶:《乱中日记残稿》,中国近代史资料丛刊《义和团》(一),上海人民出版社1957年版,第338页。

③ 恽毓鼎:《崇陵传信录》,中国近代史资料丛刊《义和团》(一),上海人民出版社1957年版,第49页。

④ 袁昶:《乱中日记残稿》,中国近代史资料丛刊《义和团》(一),上海人民出版社1957年版,第337—338页。

⑤《袁昶奏稿·请亟图补救之法以弥巨患疏》(庚子五月二十二日),中国近代史资料丛刊《义和团》(四),上海人民出版社1957年版,第160页。

⑥ 袁昶:《乱中日记残稿》,中国近代史资料丛刊《义和团》(一),上海人民出版社1957年版,第18页。

二十四点钟之内,带同护馆弁兵等,妥为约束,速即起行,前赴天津,以免疏虞"。①各公使见后深感恐慌,立即到西班牙使馆举行紧急会议,至晚7点才作出三点决定:(1)接受中国政府的照会;(2)限24小时太仓促,请求宽限时间;(3)请求翌日上午9时前往总署拜会庆亲王奕劻及诸大臣,当面陈述各公使意见。上述答复于二十三日(19日)晚送达总署。奕劻以总署名义起草复照,向各公使说明"现团匪塞满街市,止各使勿来署"。②该复照翌日上午送出。各公使在二十四日(20日)上午9时尚未见到复照,又齐集西班牙公使馆商议办法,多认为应等待答复。惟德国公使克林德只身前往总署交涉,行至东单牌楼附近时,被枪击中弹身亡。克林德事件虽无法弄清真相,却造成清政府与各国公使的往来中断。同日,慈禧太后单独召集枢臣集议宣战之事。会上荣禄为阻止宣战做了最后的努力,劝说慈禧太后等不要下令攻打各国使馆,以防引起各国联合反抗。慈禧太后拒绝一切不同意见,终于二十五日(21日)发布宣战和招抚上谕,指出:"讵三十年来,恃我国仁厚,一意抚循,彼乃益肆枭张,欺凌我国家,侵占我土地,蹂躏我民人,勒索我财务,朝廷稍加迁就,彼等负其凶横,日甚一日,无所不至,小则欺压平民,大则侮慢神圣。我国赤子仇怨郁结,人人欲得而甘心,此义勇焚毁教堂屠杀教民所由来也。朝廷仍不敢开衅,如前保护者,恐伤吾人民耳。"③这是清政府向联军宣战的诏书。

六月十七日(7月13日),八国联军分两路围攻天津,十八日(14日)天津陷落。二十二日(18日),清军停攻使馆,并请各国公使暂避天津。二十六日(22日),八国联军建立"天津都统衙门",对天津、宁

---

①《照会》(1900年6月19日),《义和团档案史料》(上册),中华书局1959年版,第152页。

② 转引自关伟:《19世纪末20世纪初奕劻外交活动真相》,《满族研究》2008年第3期,第87页。

③《上谕》(光绪二十六年五月二十五日),《义和团档案史料》(上册),中华书局1959年版,第162—163页。

河、静海等地进行军事统治。七月初十日（8月4日），八国联军开始进军北京。十三日（7日），清廷任命李鸿章为议和大臣。二十日（14日）联军总攻北京城。二十一日（15日）凌晨，慈禧太后携光绪帝，由载漪、奕劻、庄亲王载勋、辅国公载澜及刚毅、赵舒翘等十几位王公大臣陪同西逃，八国联军占领北京。慈禧太后等西逃时，宗室、东阁大学士昆冈留京充当办事大臣。昆冈得知"各公使寻觅庆邸甚急，意在出而议款，甚至至邸宅探寻多次"，故急速奏请"饬令庆邸回京议约，便宜行事，与各国公使浃洽"。①

在此后的善后谈判中，奕劻将折冲樽俎之事推给李鸿章，自己则在列强面前始终保持着一个"良好"的形象。由于《辛丑条约》的顺利签订，奕劻不仅得到慈禧太后的再度重用，也进一步赢得了各国驻华公使的好感。

《辛丑条约》签订后，奕劻出任清政府外交部管部大臣，继续与列强各国商量其他善后问题，主要为日、俄侵占东三省等一系列问题。光绪末年与宣统年间，奕劻得益于自己的低调谨慎的性格，在清朝外交事务上继续发挥作用。清亡前夕，清政府与列强驻华公使的一系列交涉，载沣与隆裕太后也一直全权委托奕劻办理。

缺乏安全感

实际上，奕劻虽然有宗室背景，但到他时，家境已经衰败下来。作为一个宗室旁支，已经到了入不敷出的地步。

史载，奕劻幼时，家境并不富裕。《泰晤士报》上说：奕劻"早年甚贫乏，以其为中国绘画山水之能手，兼擅长书法，尝为人教读，且资书

① 陈夔龙：《梦蕉亭杂记》,《义和团史料》(下册)，中国社会科学出版社1982年版，第688页。

画以糊口,借以略增其所入"。①

作为皇亲宗室,本享有种种特权。但自嘉庆、道光以来,作为宗室旁支,其生活落魄者大有人在。

一方面,宗室人口在增长,另一方面,国家的财政状况却在明显地不断恶化,发给宗室的养赡银米七折八扣,到了远离权力中心的宗室旁支手中,已经所余无多,经济上捉襟见肘成了一种普遍的现象。

形势不由人。在这种情况下,奕劻自然也难逃贫穷的窘境。

更重要的是,前文已经说过,庆郡王绵慜之后,继嗣者奕彩等人因不检点而连连获罪,为最高统治者所不喜,其家道也就迅速败落下来。

"早年甚贫乏"的客观经历,给奕劻的心理埋上了一道终生挥之不去的阴影。依靠"为人教读"、卖书画,才可勉强谋生的奕劻,在心理上烙上了极度缺乏安全感的印记,这使得他在拥有权力后贪财不厌,巨细必收。这既是奕劻缺乏法制与道德观念约束的一种表现,更是他内心深处始终在寻求自我保护的一种手段。

另一方面,从奕彩开始,绵性、绵悌等人动辄得咎的残酷事实也使得奕劻从他父辈那里深深明白了这样一个深刻的道理,这就是"荣辱忽焉,皆在圣意"。今日还是前程似锦,明日不留神就成为阶下囚。人生无常,命运不可捉摸。这也使得奕劻内心感到极不安全,是形成唯唯诺诺性格的一个重要因素。

老子曰:祸兮福之所倚,福兮祸之所伏。

在晚清的亲贵中,奕劻的书画是最有名的。奕劻少年聪颖,学习十分刻苦。他早年学习书法,模仿雍正帝楷书,颇为神似。经过勤习苦练,他的山水画画得很有特色,题款也无不隽雅。让人始料不及的是,这份绝活却成了奕劻进入政治权力中心的敲门砖。

---

①《庆亲王历史》(译伦敦泰晤士报北京通信),《申报》1911 年 6 月 8 日,第 2 张第 2 版;6 月 9 日,第 2 张第 2 版。

有史料记载说,奕劻早年住在方家园,与慈禧太后的娘家为邻。慈禧太后的弟弟桂祥,生性疏懒,不喜读书写字。为了按惯例问候姐姐慈禧太后的起居安康,他经常让奕劻捉刀代笔。时间一长,慈禧太后渐渐知道了这位颇通笔墨的旁支宗室的奕劻。这为日后慈禧太后在罢黜恭亲王奕䜣后重用奕劻作了铺垫。后来,颇会走门路的奕劻又通过与桂祥结亲,进一步巩固了慈禧太后对他的注意与赏识。

也许,正是因为缺乏安全感,才让年轻时期的奕劻磨练出了才华;正因为极度缺乏安全感,也才让奕劻更加用心钻营,对仕途充满期望,从不放过一个极小的发达及捞取富贵的机会。

开明务实

奕劻长期主持大清国的外交工作,在与各国打交道的过程中,对西方各国政治、经济、军事、文化等方面的优越性有着一定程度的了解,对中国的落后状况亦有深刻的体会,因此,他在从政生涯中并不保守,相反,与当时的一些保守人物如倭仁、载漪相比,倒显得他比较开明务实。

开明务实,应该说是奕劻性格作风中少有的积极性的一面。

同治时期,西风东渐,洋务兴起。

19世纪60至90年代,以奕䜣、曾国藩、李鸿章为代表的清政府中一批官员,以自强、求富为目标,从中央到地方,积极发展近代军事工业与民用工业,建立了近代的海陆军。

但从一开始,洋务事业就遭到顽固派官僚的激烈反对。

例如,监察御史张盛藻认为自强之道不在制造轮船、洋枪,而在气节。有了气节,"以之御灾而灾可平,以之御寇而寇可灭",关键是要

"读孔、孟之书,学尧、舜之道","何必令其习为机巧?"①大学士倭仁亲自出马上一奏折,表示支持张盛藻的意见,反对设立天文算学馆。大讲"立国之道尚礼义不尚权谋,根本之图在人心不在技艺"。②

与上述守旧派官僚不同,奕劻在洋务运动中,观念并不落后。他积极支持李鸿章的富国强兵的事业。洋务运动时期,奕劻在洋务派的推动下,逐渐转变观念,支持发展以自强、求富为目标的近代化事业,在海军、工矿、铁路、航运、电报等建设方面均表现出一定的积极态度。

光绪十一年(1885年),清政府成立了专门负责海军事务的"海军衙门",使海防事务有了统一管理部门,海防发展达到了一个新阶段。光绪十四年(1888年),清政府又组建了北洋舰队。这个舰队拥有先进舰船28艘,中国有了一支攻击力很强的近代海军舰队。在北洋海军筹建过程中,奕劻是海军衙门重要的负责人之一。就作者看到过的史料,尚没有发现奕劻在海军建设方面对李鸿章有掣肘的情况,相反,从《李鸿章全集》的书信中,倒发现奕劻与李鸿章二人经常书信往来,互相鼓励与支持。

李鸿章对庆亲王奕劻的评价是:"望重亲贤,任隆中外。"③

光绪二十七年至宣统三年(1901年至1911年),大清国又开始了第二次洋务运动——清末新政。

在推动晚清改革事业的高层领导人中,如果说恭亲王奕䜣是早期洋务运动的保驾护航人的话,那么,庆亲王奕劻则完全可以视为清末新政的主要保驾护航者。

在清末新政中,庆亲王奕劻与袁世凯联袂,"共达政治进行之目的"。④庆亲王奕劻与直隶总督袁世凯一为朝廷枢臣中的领班人物,一

① 楚双志:《慈禧太后》,民族出版社2003年版,第85页。
② 《筹办夷务始末》(同治朝),卷47,第24页。
③ 《李鸿章全集》(36),信函八,安徽教育出版社2008年版,第6页。
④ [日]佐藤铁治郎:《一个日本记者笔下的袁世凯》,天津古籍出版社2005年版,第186页。

为地方督抚的领袖人物。他们二人同心协力，一内一外，在清末新政中起到了别人无法替代的作用。

在清末最后十年，奕劻的不保守与务实，可以概括成以下几个方面：

1. 推动五大臣出国考察。袁世凯在直隶的势力扶摇直上之时，清政府却面临着来自两方面的挑战：以孙中山为首的革命党人多次发动武装起义，企图推翻清政府，建立民国政权；国内立宪派集团随着自己经济势力的壮大也不再甘心像往日那样生活下去，希望通过比较稳健的手段在清政府内部推行有利于资本主义发展的变革，进而从体制外走进体制内，获取渴望已久的权力。他们鉴于袁世凯在新政中的非凡政绩及其在政坛上的地位，在立宪浪潮一开始就迫不及待地吁请袁世凯出山，认为他是代表民族资产阶级利益的最合适的干将。张謇在光绪三十年（1904年）致袁世凯的一封信中把袁世凯与日本明治维新时期的重臣伊藤博文等人相提并论，忙不迭地呼唤他出马。张謇是清末资产阶级工商业中最有影响的人物，他和许多民族工商业者一样，希望袁世凯能代理他们推行比较激进的改革。光绪三十一年（1905年）初，张謇急切地告诉袁世凯："公但执牛耳一呼，各省殆无不响应者。安上全下，不朽盛业，公独无意乎？及时不图，他日他人构此伟业，公不自惜乎？"①既劝且诱。他如此这般费尽口舌，正反映了当时一般工商业者的心态。既想夺权，但又苦于势单力薄，于是只好指望依靠袁世凯这样有进步倾向的政治实力派来实现自己的心愿。此时的袁世凯审时度势，也感到权力转换的时机已经到来，他一方面对工商业者的拥戴表示接受，另一方面"奏请简派权贵，分赴各国，考察政治，以为改政张本"。在袁世凯的建议下，"枢臣懿亲，亦稍稍有持

---

① 《为抵制美货事致袁直督函》，张孝若编：《张季子九录·政闻录》卷3，中华书局1931年版。

其说者"。①庆亲王奕劻从光绪三十一年（1905年）六月起就不断召开军机大臣会议，"商派员考察政治事"、"商遣使考察政治"。②在奕劻推动下，清政府接受了派遣大臣出国考察政治的建议，决定派出以载泽为首的五大臣出游考察政治。从此，中国政治制度的近代化，即由纯粹的封建专制政治向资产阶级民主政治过渡的序幕真正拉开了。

2.创建宪政编查馆。宪政编查馆是清末预备立宪期间在中央设立的一个专门负责宪政改革的政治机构，其前身是考察政治馆。光绪三十三年七月初五日（1907年8月13日），为适应开展预备立宪各项工作，庆亲王奕劻等上《改考察政治馆为宪政编查馆》，指出："预备立宪以来，天下臣民，喁喁望治。现在入手办法，总以研究为主，研究之要，不外编译东西洋各国宪法，以为借镜之资；调查中国各行省政俗，以为更张之渐。凡此两端，皆为至当不易、刻不容缓之事。"宪政编查馆"专办编制法规、统计政要各事项。嗣后遇有关系宪政及各种法规条陈，并请饬交该馆议覆，以归一律"。③同日，清政府发布了上谕，同意奕劻的请求，改考察政治馆为宪政编查馆，专办宪政。宪政编查馆的设立，使清朝具备了实施预备立宪的办事机构。七月十六日（8月24日），奕劻奏准宪政编查馆办事章程。宪政编查馆归军机大臣直接领导，性质类似立宪国家责任内阁的法制局。宪政编查馆主要有四个方面的职责：一是议覆奉旨交议有关宪政折件及承拟军机大臣交付调查各件；二是调查各国宪法，编订宪法草案；三是考核法律馆所订法典草案，各部院、各省所订各项单行法及行政法规；四是调查各国统计，颁成格式，汇成全国统计表及各国比较统计表。④宪政编查馆

①《立宪纪闻》，中国近代史资料丛刊《辛亥革命》（四），上海人民出版社2000版，第12页。

②《荣庆日记》，西北大学出版社1986年版，第84、85页。

③ 故宫博物院明清档案部编：《清末筹备立宪档案史料》（上册），中华书局1979年版，第45页。

④《政治官报》，光绪三十三年九月二十日第1号，折奏类，十一。

作为清末预备立宪时期的主要办事机构,下设总务处及编制、统计两局,另有官报局,后增设考核专科。为使宪政编查馆将来编订各种法案有所依据,九月十六日(10月22日),奕劻等又奏请让各省设立调查局,考察、调查本省民情风俗、历史现状,随时汇报编查馆。九月二十日(10月26日),《政治官报》创刊,除军机、外交秘密,凡立法、行政之上谕,官员奏折及咨牍,各项章程等等,均予选登。旨在公开庶政,让官民传观研究,增加透明度。宪政编查馆在庆亲王奕劻的领导下,网罗了一大批留学归国的法政学生和积极主张立宪的代表人物。主要有:提调宝熙、刘若曾,总核王庆平、曹广帧,编制局正副局长吴廷燮、章宗祥,统计局正副局长沈林一、钱承鋕,官报局局长华世奎,总务处总办左孝同;编制局正科员汪荣宝、曹汝霖、恩华,统计局正科员廷鸿、林棨、陈毅。在副科员之中,留学归国的法政学生几乎占了一半。光绪三十四年三月二十日(1908年4月20日),清末主张立宪的代表人物杨度经袁世凯和张之洞推荐,赏加四品京堂候补,在宪政编查馆行走。四月二十四日(5月23日),劳乃宣被授为同样职衔。

　　宪政编查馆作为清末宪政改革的枢纽机关,在奕劻主持下,在清末预备立宪运动中发挥了重要的作用,有力地推动了宪政体制在近代中国的发展。在宪政编查馆存在的四年间,起草了《钦定宪法大纲》、《议院法要领》、《选举法要领》、《各省谘议局章程》、《谘议局议员选举章程》、《各省会议厅规则》、《城镇乡地方自治选举章程》等;拟定了《九年预备立宪逐年推行筹备事宜》、《修正逐年筹备事宜》,还与会议政务处一同拟定了《内阁官制》、《内阁办事暂行章程》;与民政部一并编订了《户籍法》、《结社集会律》等;编译了大量的宪法类书籍,如《日本宪政略论》、《日本丙午议会》、《日本议院法》、《英国议院答问》、《法国政治要览》、《比利时司法制度》等,这些法律书籍为清末宪政改革提供了理论依据。宪政编查馆于光绪三十四年(1908年)设立了"考核专科",分两期派人员分赴各省考察筹备宪政情形,为筹备立宪做了许多基础性的工作。①

3.设计与争取实行官制改革方案。官制改革是晚清推行预备立宪的首要步骤,清廷命庆亲王亦劻等总司核定官制。在设计清末官制改革方案上,亦劻同样积极,并不保守。

光绪三十二年九月十六日（1906年11月2日）,庆亲王奕劻等向慈禧太后递交了《庆亲王奕劻等奏厘定中央各衙门官制缮单进呈折》。该奏折对官制改革进行了周详的设计。在奏折中,奕劻首先指出此次官制改革的目的是清除行政体制的弊端,建立责任内阁,以期提高行政效能。他说:"唯此次改革官制既为预备立宪之基,自以所定官制与宪政相近为要义。按立宪国官制不外立法、行政、司法三权并峙,各有专属,相辅而行,其意美法良,则谕旨所谓廓清积弊,明定责成,两言尽之矣。"根据西方三权分立的宪政原则,奕劻等认为清朝官制存在三个方面的积弊:其一,权限不分,行政官兼有立法权和司法权,司法官兼有立法权。"一则权限之不分。以行政官而兼有立法权,则必有借行政之名义,创为不平之法律,而未协舆情。以行政官而兼有司法权,则必有徇平时之爱憎,变更一定之法律,以意为出入。以司法官而兼有立法权,则必有谋听断之便利,制为严峻之法律,以肆行武健,而法律寝失其本意,举人民之权利生命,遂妨害于无形。此权限不分,责成之不能定者一也。"其二,职任不明,冗员过半。"一则职任之不明。政以分职而理,谋以专任而成,今则一堂而设有六官,是数人共一职也,其半为冗员可知,一人而历官各部,是一人更数职也,其必无专长可见。数人分一任,则筑室道谋,弊在玩时,一人兼数差,则日不暇给,弊在废事。是故贤者累于牵制,不肖者安于推诿。此职任不明,

① 参引谭义军等:《奕劻与清末宪政改革》,《华南理工大学学报（社会科学版）》,2011年第11期。

责成之不能定者二也。"其三,名实不符,职责不确定。"一则名实之不副。名为吏部,但司签掣之事,并无铨衡之权。名为户部,但司出纳之事,并无统计之权。名为礼部,但司典礼之事,并无礼教之权。名为兵部,但司绿营兵籍,武职升转之事,并无统御之权。此名实不副,责成之不能定者三也"。①

奕劻等在奏折中指出此次官制改革主要涉及三个方面的内容:一是分权以定限。"立法、行政、司法三者,除立法当属议院,今日尚难实行,拟暂设资政院以为预备外,行政之事则专属之内阁各部大臣。内阁有总理大臣,各部尚书,亦均为内阁政务大臣,故分之为各部,合之皆为政府,而情无隔阂,入则参阁议,出则各治部务,而事可贯通。如是则中央集权之势成,而政策统一之效著。司法之权则专属之法部,以大理院任审判,而法部监督之,均与行政官相对峙,而不为所节制。此三权分立之梗概也。此外有资政院以持公论,有都察院以任纠弹,有审计院以查滥费,亦皆独立不为内阁所节制,而转足监督阁臣。此分权定限之大要也。"二是分职以专任。"分职之法,凡旧有各衙门与行政无关系者,自可无庸议改。今共分为十一部,更定次序,以期切于事情,首外务部,次吏部,次民政部,次度支部,次礼部,次学部,次陆军部,次法部,次农工商部,次邮传部,次理藩部。专任之法,内阁各大臣同负责任,除外务部载在公约,其余均不得兼充繁重差缺,各部尚书只设一人,侍郎只设二人,皆归一律。至新设之丞参,事权不明,尚多窒碍,故特设承政厅,使左右丞任一部总汇之事。设参议厅,使左右参议任一部谋议之事。其郎中、员外郎、主事以下,视事务之繁简,定额缺之多寡,要使责有专归,官无滥设。此分职专任之大要也。"三是正名以核实。"巡警为民政之一端,拟正名为民政部;户部综天下财赋,

① 故宫博物院明清档案部编:《清末筹备立宪档案史料》(上册),中华书局1979年版,第463—464页。

拟正名为度支部,以财政处、税务处并入;兵部徒拥虚名,拟正名为陆军部,以练兵处、太仆寺并入,而海军部暂隶焉;既设陆军部,则练兵处之军令宜拟正名为军谘府,以握全国军政之要枢;刑部为司法之行政衙门,徒名曰刑,义有未尽,拟正名为法部;商部本兼掌农工,拟正名为农工商部;理藩院拟正名为为理藩部;太常、光禄、鸿胪三寺,同为执礼之官,拟并入礼部;工部所掌,半已分隶他部,而以轮、路、邮电并入,拟改为邮传部。此正名核实之大要也。"①奕劻等拟定的官制改革方案得到了清廷最高统治者慈禧太后的首肯。

光绪三十二年九月二十日(1906年11月6日),慈禧太后宣谕按照奕劻等厘定的新官制进行改革,但否定了奕劻关于设立责任内阁的方案。奕劻等人推动的官制改革,虽未达到设立责任内阁的目的,但对晚清的封建中央集权官僚体制进行了较大的改革,初步建立了三权分立的宪政体制。此次官制改革所取得的成就,主要体现为:第一,取消立法、行政、司法三权混同的体制,在一定程度上实现了三权分立,在立法、行政和司法三权中,司法权首先独立出来,行政权分立也有一定程度的体现。"在各部以外单独成立了大理院、审计院和资政院。大理院专司司法审判权,它的权力是与纯粹作为行政机关的法部明确地分开。审计院独立于各部之外,因为它负责审计各部的账目。虽然已经决定暂不涉及立法机构的事项,但深切感到有征求民意的必要,因此,在将来召开国会之前,计划把资政院试作立法机关。"②第二,废除了各部大臣兼任军机大臣的做法,减少军机大臣的名额,使各部尚书成为专职,可以加强责任心,集中精力办理部务,提高行政效率。各部尚书均充参与政务大臣,责任权限加重,有向责任内阁过渡

① 故宫博物院明清档案部编:《清末筹备立宪档案史料》(上册),中华书局1979年版,第464—465页。

② [美]费正清、刘广京编:《剑桥中国晚清史》(下卷),中国社会科学出版社1985年版,第385页。

的意图。第三,各部都建立了单一的领导。在此以前,清朝给各部都任命两位尚书,一般是满、汉各一人。此法是使满人与汉人互相制约,但也趋向于使大臣们不负责任。通过此次官制改革,废除了各部双头领导制度,各部堂官只设尚书一员,侍郎二员,不分满汉,侍郎为尚书的辅佐官,名额有所减少,各部机构设置趋于一致。第四,从行政机构的设置看,增设一些与社会经济发展相适应的机构,如农工商部、邮传部等,使中央各部数量达到十一个,扩大了政府功能的范围,适应了社会的需要。将职能重复、相近的机构合并,有利于机构设置的合理化。就部内机构而言,设置承政厅、参议厅和若干职能司,其下再设置若干科,使政府结构更趋合理与科学,有利于提高行政效率,促进了官僚机构的现代化。①

4.在编练新军方面支持袁世凯。庚子以后,清政府极力编练新军,在中央特设练兵处,以庆亲王奕劻为总理,袁世凯为会办。练兵处主要办理全国练兵筹饷事宜。对于袁世凯选将练兵,奕劻基本上做到了言听计从,全力支持,这是清末袁世凯能够顺利练成北洋六镇的重要原因。

客观而论,清末新政之有起色,经济、政治等方面改革在20世纪最初十年能够发展如此迅速者,实与当时主持政府工作的奕劻的开明务实性格与作风有着一定的关系。

世故圆滑

奕劻为人做事特别世故圆滑,在他的从政生涯中,很少带有棱角、显露锋芒。

---

① 参引谭义军等:《奕劻与清末宪政改革》,《华南理工大学学报(社会科学版)》2011年第1期。

奕劻虽然主持总署工作,但并不争权好斗。除非涉及重大外交事务,他一般总是放权让地方督抚自行持平办理,自己则坐收无风险之功。在总理衙门大臣任上,凡是重大外交事务,奕劻很少与李鸿章直接发生冲突。在庚子年间重大外交关头,尽管奕劻持有不同意见,他也没有公开与载漪发生直接冲突;而在辛丑年关于东三省条约与俄谈判中,奕劻尽管不同意李鸿章的意见,但也只是在信函中提示正在西安行在的军机大臣荣禄设法补救,他自己并不直接与李鸿章发生冲突。正是这种不带棱角锋芒的性格,让他不仅躲过了数不清的灾祸,也使他藏拙很深,让外人捉摸不透,因而能够左右逢源,多次化解宦海危机。

应该说,奕劻深谙官场避雷针的术道。

避雷针据说是近代美国科学家富兰克林发明的。

富兰克林认为,闪电是一种放电现象。为了证明这一点,他在1752年7月的一个雷雨天,冒着被雷击的危险,将一个系着长长金属导线的风筝放飞进雷雨云中,在金属线末端拴了一串铜钥匙。当雷电发生时,富兰克林用手接近钥匙,钥匙上马上迸出了一串电火花。富兰克林手上还有麻木感。幸亏这次传下来的电流比较弱,富兰克林才没有受伤。经过此次试验,富兰克林认为,如果将一根金属棒安置在建筑物的顶部,并且以金属线连接到地面,那么所有接近建筑物的闪电都会被引导至地面,而不至于损坏建筑物。

避雷针的工作原理是:当天空中飘过积蓄负电荷的雷雨云时,大地上与其相反的正电荷也急剧向云下面的物体中聚集,由于避雷针高于周围物体,且其具有顶尖端部,这时,上面积聚的正电荷与云之间的负电荷就会形成一个电场,电场的强度在这两端逐渐增高,结果使得避雷针与云层中间的空气被击穿,云层中的负电荷沿着电离的空气通道急剧流向避雷针尖与其中的正电荷中和,从而形成了闪电,而电流通道发出的高温使得空气爆炸,就出现了雷声。这样,雷击虽然会发生,但总是击向避雷针,而不是击向要保护的物体。因此,避雷针实际上是引雷针,它将雷电吸引到自己的身上,从而使保护对象避免雷击而保持安全状态。

在我国几千年官场上,避雷针的现象不仅存在,而且代代传承光大,甚至发展成为了一门高深莫测的做官的学问。

战国时,秦孝公去世后,新即位的秦惠文君就很会运用避雷针这个原理,他利用国人长期对商鞅严苛政策的不满,将商鞅作为秦孝公的替罪羊送上秦国的祭坛,轻轻一招就不仅除去了自己集权道路上的最大隐患,而且还得到了秦国本土集团的一致拥护。

西汉初期,丞相萧何深知汉高祖刘邦对自己的忌讳,为了保全自己,他不惜施展阴谋手段,将已经手无寸兵且软禁在长安的韩信作为自己的避雷针,以设计诱杀韩信于未央宫来向刘邦示好,从而缓解了刘邦对他的猜忌,使自己在官场纷争中处于一个安全的位置。

避雷针式的人物,古今中外,所在多有,晚清时期依然如故。

"天子圣明,臣罪当诛",这是专制皇权的通用模式。嘉庆皇帝一上台就除掉了和珅,在声讨和珅罪行的诏书中,在列举和珅二十条大罪状后,嘉庆皇帝笔锋一转,指责内外诸臣,钳口结舌,不敢及早参劾和珅。实际上,嘉庆皇帝早年朝夕陪侍乾隆皇帝,对和珅之罪早就了然于心,但为什么他就不揭发、不报告呢?这是因为和珅之罪,是乾隆皇帝纵容包庇的结果,现在和珅成了乾隆皇帝的"避雷针",众位大臣也就当了一回嘉庆皇帝的"避雷针"。

纵观中国历代政坛,无论何朝何代,无论何位君主或是重臣大员,为了躲避宦海中的风险,无不需要有一个自己的避雷针,以便在特殊时刻可以用之来躲避风险,招招占先。

避雷针式的官员不外有两种形式:

一种是主动为上司规避风险；

一种是被动为上司所利用，以规避亟待化解的风险。

前种官员往往在事后能得到上司的补偿；后一种官员则很可能就会前途不测。仔细分析其中的奥妙，关键在于一字之别。一个是替人受过，一个是代人受过。替人受过者往往早就料定先机，主动出击，不怕往自己脸上抹黑；代人受过者就往往处于被动，自己并不愿意充当避雷针，只是被上司抓住辫子被迫受过而已。"替"、"代"之间，受过者的结果往往就会出现天壤之别。

从中国历史上看，皇权与相权的矛盾是历代中央集权专制体制中最主要的一对矛盾。从法理上讲，专制之意就是将权力授予一人的一种治国方式，即国家的一切大事由君主一人裁决。但是国家之大，事情之多不是凭专制君主一人的精力来日理万机就能够解决的，于是便有了"助理万机"的丞相的设置。但从一开始，皇帝和宰相在分权的概念上就是模糊的，虽然历代也有权相将皇帝置于傀儡地位的事实，但从总的发展趋势上看，皇权是朝着扩大并膨胀的方向发展，相权则一步步缩小，到明清时，相权被公然视作君权的对立物而从制度上加以消灭。皇权的不断强化虽然维护了皇帝对行政权的独揽，有利于专制统治，但却妨碍了大臣积极性与主动性的发挥，造成国家机器运转的迟缓和行政效力的低下，整个行政系统的活力因而大为下降。

中国历史上的君相权力之争，到明代时终以君权的绝对胜利而告终，其标志就是内阁制度的设立。清沿明制，仍设内阁，而其职权仅为票拟诏旨，而不是如汉唐秉钧执政之宰相。雍正朝后军机处逐渐代替了内阁的枢要地位，然而军机处只供传述缮撰，军国大事丝毫不得赞画于其间，除承旨办事外，并无任何独立职权，君主专制至此达到了极点。

君权的膨胀必然导致相权的萎缩，并直接破坏国家政治体制的正常运行。梁启超这样总结说："始也,欲以一人而夺众人之权,然众权之繁之大,非一人之智与力所能任也,既不能任,则其权将靡散堕落,而终不能以自有。虽然,向者众人所失之权,其不能复得如故也,于是乎不知权之所在。"[1]在专制政体下,集权与无权总是相伴而生。晚清出使德国大臣杨晟在总结"无权"之害时写道："天下之大,万机之繁,上达下逮,岂能无喉舌之司,筦摄关键之地。于是内阁之制起,而未尝有统摄指挥之能力,狡悍则百官趋附其私,暗弱则小人盗窃其后。即有英才奇俊,优荷宠任,而发一策,建一议,犹虑牵制百出,不得达其目的,竟其事功。而六部之对抗分立,各不相谋,但能自治其本部亦已幸矣,何暇谋及全体,统筹全局,政治之弊,于斯为极。"[2]

在这种情况下,晚清时期的最高决策者,一旦发生决策错误,为了逃避责任,转移民众的注意力,就不能不寻找出一个替罪羊。这个替罪羊就是所谓的官场避雷针。

道光二十至二十二年(1840至1842年)的第一次鸦片战争,因为割地赔款,林则徐、琦善就分别替道光皇帝承担了对英战争以及丧师失地、妥协求和的罪责,遭到逮问、革职、流放。

咸丰六至十年(1856至1860年)第二次鸦片战争期间,耆英又成为咸丰皇帝的避雷针而被处死。

光绪二十六年(1900年)八国联军之役,庄亲王载勋、端郡王载漪及刚毅、赵舒翘等替慈禧太后作祸首,或被革,或赐令自尽。

作为身历数朝的元老重臣,奕劻对这一切早已看得清清楚楚,也深谙其中不可言说的道行。除了让别人做他的避雷针外,他也时刻揣摩慈禧太后的心思,想方设法化解老太后对他的防范与打击。光绪晚

---

[1] 吴嘉勋、李华兴编:《梁启超选集》,上海人民出版社1984年版,第31页。

[2]《出使德国大臣杨晟条陈官制大纲折》,故宫博物院明清档案部编:《清末筹备立宪档案史料》(上),中华书局1979年版,第394页。

年，奕劻权倾朝野，违反宗室亲贵不得结交外藩的惯例，与袁世凯结党，与众多地方督抚枝叶交织缠连，权势熏天。奕劻不怕别人，但十分惧怕慈禧太后。他深知慈禧太后对他极不放心，稍不留神就会引来大祸，因而，他干脆将贪墨本性公开化，用贪墨自污来向慈禧表明自己没有权力野心，以让慈禧太后放心。应该看到，奕劻大肆贪墨，除了满足其私欲外，其中也含有政治上自保的成分。这一切均说明，奕劻的性格作风十分复杂，不可简单以平面视角观之。

长袖善舞

奕劻后半生仕途通达，与他长袖善舞有着很大的关系。

甲午战败，北洋海军全军覆灭，"湘淮同悲"，清政府赖以维持统治的国防力量——湘淮军武装力量已如明日黄花。

光绪二十一年（1895年），清政府成立了督办军务处，决心重振清王朝的军事力量。奕劻乘间参与其中，博得了满族亲贵大臣知兵的虚誉。从此，他又与慈禧太后依靠的心腹、主持督办军务处实际工作的荣禄扯上了交情。他坚定地站到后党一边，帮助慈禧太后剪除帝党势力，成为后党安插在中央外交部门的一个重要筹码。

光绪二十四年（1898年），年轻的光绪皇帝决心变法，革新政治。但是，他依靠的却是一帮没有任何政治经验与历练的清流党人。这帮人救国热情可嘉可赞，但却不懂得政治的实际运作套路。康有为一伙向光绪皇帝提出的大变、快变、全变的一揽子工程，不尽符合中国当时的实际情况。尤其是他们竟要"解散"中央政府，企图撇开慈禧太后，试图成立一个以他们为中心的新的变法政府来解决全部问题，直接使一场本该成为复兴契机的充满希望的革新运动演变成了高层之间的权力争夺斗争。维新派幼稚地认为，只要通过光绪皇帝雷霆万钧的手段,杀、撤几个顽固保守阻挠变法的守旧大臣就可解决问题。没有实际政治经验的年轻皇帝采纳了这帮热血沸腾、急于在政治上"跃进"的维新派与朝中清流派的主张,这就与慈禧太后在中央政府内部所安排的"缓进"、"渐行"领导班子的思维模式产生了冲突。最终,这场改革走向了所有人希望的反面,变成了一场刀光剑影、你死我活的血淋淋的内部厮杀。八月初六日(9月21日),慈禧太后从颐和园起驾还宫,囚禁了胆大冒进甚不听话的光绪皇帝,下达了追捕与屠杀维新派的命令。在这场帝后的较量中,老成持重的奕劻站在了实力雄厚的后党的一边,同时也颇得光绪皇帝的信任,充分显示了他高超的应变能力。

戊戌政变后,奕劻与荣禄一道,成为慈禧太后在大清国内政与外交上依靠的两大柱石。

光绪二十六年(1900年),八国联军侵华。

光绪二十七年(1901年),奕劻代表清政府签订了《辛丑条约》。

奕劻在庚子议和中,一方面保留了慈禧太后的最高统治权,同时又极大限度地满足了列强的贪婪要求,列强也因此而成为他在官场上左右逢源的坚强的后盾,一时间身价倍增,权倾朝野。"当时人们议论起王公们的政治本钱时,说某王公有德国后台,某王公有日本后台……都只不过各有一国后台而已,一说到庆王,都认为他的后台谁也不能比,计有八国之多。"[1]不久,总理各国事务衙门改为外务部,奕劻又任管部大臣,继续把持着大清国的外交权力。

光绪二十九年(1903年),慈禧太后最信任、最倚重的军机大臣荣禄去世。环顾左右,慈禧太后认为唯有奕劻可以接领政府。于是,奕劻以亲王之尊补缺,成为领班军机大臣,同时兼领外务部。不久,慈禧

---

[1] 爱新觉罗·溥仪著:《我的前半生》,群众出版社1964年版,第18页。

太后又授命他管理财政处、练兵处等事务，一时集内外军政大权于一身，成了清政府中最有实权的领袖人物。直至宣统三年（1911年）四月出任内阁总理大臣，终清之世，奕劻大权在握，位极人臣。

第三章

宦海生涯

某某两亲贵，一则牵掣军权，一则把持财政，均于暗中极力挤排，本邸有名无实，将何以担负责任？

——奕劻

总署大臣

奕劻正式登上大清国的政治舞台，是从光绪十年（1884年）开始的。

这一年，清政府的高层领导结构发生了重大改组。

慈禧太后利用中法战事前方军事失利的时机，决心撤换不太听话的恭亲王奕䜣，组织一个更加听命于她的政府班子。

光绪十年三月初八日（1884年4月3日），日讲起居注官左庶子盛昱呈上一封奏折，严厉弹劾张佩纶、李鸿藻，同时敦促恭亲王奕䜣和军机大臣宝鋆等，不要蒙蔽视听，诿卸责任，而要戴罪图功。慈禧太后接到奏折后立即召见盛昱，说："枢臣如此，教我们如何是好？"并流着泪说："然非更动不可。"①

三月十三日（4月8日），慈禧太后没有像往常那样召见军机大臣，而只单独召见领班军机章京，按她的意思，御前拟旨，不通过军机大臣，直接发往全国各地。

这道谕旨开去奕䜣一切差使，并撤去恩加双俸，令其家居养疾。宝鋆着原品休致。协办大学士、吏部尚书李鸿藻、兵部尚书景廉均被开去一切差使，降二级调用。工部尚书翁同龢革职留任，退出军机处，

---

① 楚双志：《慈禧太后》，民族出版社2003年版，第65—66页。

仍在毓庆宫行走。轻轻一道懿旨，就将军机处原班人马全部罢斥。罪名是"委蛇保荣"、"因循日甚"、"谬执成见"、"昧于知人"等等。

同一日，慈禧太后又颁发上谕：礼亲王世铎着在军机大臣上行走，毋庸学习御前大臣，并毋庸带领豹尾枪。户部尚书额勒和布、阎敬铭，刑部尚书张之万均着在军机大臣上行走。工部侍郎孙毓汶在军机大臣上学习行走。这样就组成了以礼亲王世铎为首的新的军机处。

三月十四日（4月9日），慈禧太后又发一道懿旨：军机处遇有紧要事件，着会同醇亲王奕谭商办，俟皇帝亲政后再降懿旨。这就是说，醇亲王奕谭代替奕䜣成了大清国幕后的政府领袖。

军机处的改组完成后，慈禧又对部院大臣、总理衙门、八旗都统相应作了重大的变更与调整。礼部尚书徐桐接任李鸿藻的吏部尚书一职，左都御史毕道远接任礼部尚书。理藩院尚书乌拉喜崇阿接任景廉的兵部尚书一职，左都御史延煦接任理藩院尚书，吏部左侍郎昆冈、祁世长接任左都御史。总理各国事务衙门由贝勒奕劻管理，内阁学士周德润、军机大臣阎敬铭、许庚身也在总理衙门行走。慈禧太后在不到半个月的时间内，大规模改组政府，完成了清廷最高领导层的重大人事变动。因为这次变动发生在甲申年，史称"甲申易枢"，或"甲申朝局之变"。

甲申易枢后，慈禧有了不受任何制约的至高无上的权力，惟我独尊的实际政治地位至此完全确立。

甲申易枢，是奕劻全面走向清朝政治、外交舞台的开始。总理各国事务衙门的职能仅次于军机处，是晚清时期清政权最为重要的一个行政部门。执掌总署，表明奕劻开始跻身清朝政治舞台。从此，奕劻在光绪朝紧紧附庸慈禧太后，宣统朝又依附隆裕太后，牢牢控制清朝外交直至清朝灭亡。

奕劻主持总署工作期间，有两件政坛大事使他陷入其中，也因此影响到了他日后的政治前程。

第一件大事，就是慈禧太后与光绪皇帝的多年政争。其时，因为慈禧太后与光绪皇帝的不和与斗争，最终以义和团剿抚问题为导火索而引发了世纪之交的一场民族与国家的大灾难。

奕劻是帝后党争的直接参与者，因而这里不能不先提及帝后党争的问题。

同治十三年（1875年），同治皇帝病死，慈禧太后为了能够名正言顺地继续主宰皇权，力排众议，在中南海西暖阁御前会议上，坚决让不到三岁的乳子载湉入主大位。

但是，慈禧太后也清楚，醇亲王奕譞夫妇，才是光绪皇帝的亲生父母。现实生活中，后母情结是人们心中难以清除的一块阴影。光绪皇帝虽然被自己强占为己有，但长大后是否孝顺与听命，还是一个很大的不确定的未知数。这种猜忌与不放心，像一块沉重的石头，时时压在慈禧太后的心头，成为她挥之不去的很大的心病。这说明，慈禧、光绪母子二人的关系从一开始就是建立在利害基础上的，缺乏通常人家应有的亲情。

也许，在慈禧太后的心底，她始终认为，要想让光绪皇帝心悦诚服地认自己为母亲，就必须不断强化她绝对权威的形象。为此，她采取了下列几项举措：

1.断亲情。光绪皇帝被抱进宫以后，慈禧太后立刻中断了他与原来在醇王府那些照顾他的保姆、丫鬟之间的联系，甚至强行切断他与亲生父母之间的联系。据《德宗实录》记载，载湉入宫十八天，慈禧太后便以两宫皇太后的名义颁布懿旨，规定今后光绪皇帝所有左右近侍，止宜老成质朴数人，凡年少轻佻者，概不准其服役。据德龄《瀛台泣血记》中记载：当光绪皇帝初进宫的时候，太后就嘱咐那一班服侍他的人，像灌输什么军事知识一样的天天跟他说，使他明白了自己已经不是醇亲王福晋的儿子了，他应该永远承认太后是他的母亲，除了这个母亲以外，便没有旁的母亲了。德龄还说道，慈禧太后为了让光绪皇帝长大成人后仍然能够顺从她，特地再三教人去传翁同龢，要他格外侧重孝的教育。除把启蒙时所读的《二十四孝》不断地继续讲解之外，《孝经》那部书，也是最注意的。

2.立威严。梁启超在《戊戌政变记》中说："西太后待皇上无不疾声厉色，少年时每日呵斥之声不绝，稍不如意，常加鞭挞，或罚令长跪；故积威既久，皇上见西太后如对狮虎，战战兢兢，因此胆为之破。至今每闻锣鼓之声，或闻吆喝之声，或闻雷辄变色云。皇上每日必至西后前跪而请安，惟西后与皇上接洽甚少，不命之起，则不敢起。"①

为了贯彻严格的教育方式，让光绪皇帝养成事事顺从的性格，慈禧太后甚至命令光绪皇帝对她称"亲爸爸"，而对慈安太后则称皇额娘。在她看来，载湉今天拥有的一切，都是她这个老佛爷格外施恩的结果。她要让光绪皇帝永远记住这一点，并且永远地必须对她感恩戴德。

可是，慈禧太后不明白，孩子在成长过程中最需要的是母爱。只有在正常无私的母爱滋润下，才能使孩子感受到来自母亲的伟大与温暖，从而萌发他们的感恩心理，增强他们的感恩意识。光绪皇帝自进宫之日起，面对的就是慈禧太后冷若冰霜的面孔、咄咄逼人的目光、无尽的呵斥、严厉的管束。在这种状态下逐渐成长起来的光绪皇帝，对慈禧太后的感情厚薄是可想而知的，留下的，恐怕就是双方之间的利害关系了。

慈禧太后一反对亲儿子同治帝的放纵教育，而对光绪皇帝实施严厉教育的结果，不仅没能达到预期的效果，相反，母子二人之间的关系实际上更加疏远。

---

① 梁启超：《戊戌政变记》，广西师范大学出版社 2010 年版，第 88 页。

3. 干涉婚姻。光绪十四年（1888年），光绪皇帝十八岁，大婚已不能再行拖延。给光绪皇帝择偶成亲，对于慈禧太后来说，具有格外重要的意义。因为皇帝的后、妃，尤其是皇后，与皇帝的关系最为密切，对皇帝的思想及其政务活动都有着特殊的影响力，而且在为同治帝选后问题上的失败给她的教训很大。慈禧太后与同治帝皇后阿鲁特氏的矛盾，甚至导致了母子的不和。

据《慈禧太后外纪》一书记载："太后以己之侄女，选为皇后，亦具有深意。前此为同治帝选择有勇有德之阿鲁特皇后，其后常与太后反对，至其死而后已。太后惩于前事，故此次为光绪皇帝选后，其意重在为己之心腹，以监察皇帝之行为，而报告之。"

看来，慈禧太后为光绪皇帝选后、妃的前提，并不是考虑光绪皇帝的感情好恶，而是以她巩固自己的权力与地位入手进行的，这是导致母子关系不和的一个深层次根源。慈禧太后明知光绪皇帝本人不愿意，还是硬把自己亲弟弟桂祥的女儿指配给光绪皇帝为皇后；硬把光绪皇帝中意的德馨的两个女儿撵走。也许在慈禧太后看来，强行将侄女指派给光绪皇帝做皇后是为了在皇族中加强叶赫那拉氏的血缘。光绪皇帝虽然不是自己的亲儿子，却是自己亲妹妹之子；新选的皇后又是慈禧太后弟弟的女儿，可以说都与慈禧太后母家叶赫那拉氏关系密切。而按皇帝统序的安排，光绪皇帝是作为继承咸丰皇帝兼祧同治皇帝继承皇位的，将来光绪皇帝生有皇子，不仅有三分之二以上的叶赫那拉氏家庭的血缘，而且还是当然的皇帝继承人，这样，可以弥补同治皇帝没有后代的遗憾。也许在慈禧太后看来，归政光绪皇帝是迟早的事情，为了能在归政以后的日子里继续操纵皇权，她只有选择自己的侄女去影响光绪皇帝。

然而，慈禧太后没有料到的是，隆裕皇后因其相貌平平或又有其他缘故，光绪皇帝颇不属意于她，只是因为惧怕慈禧太后的缘故，才

"勉奉之"。婚后，这个可怜的皇后，从未受过光绪皇帝的恩宠。不仅如此，帝与后常不睦，此为著名之事，凡有争执，后每得胜，故皇帝宠爱珍妃、瑾妃。

据史料记载，光绪皇帝不满的情绪，在他的大婚期间就已经不可抑制地爆发了出来。按照清代帝王大婚的礼制规定，大婚后的三四天内，还有一系列拜祭和"朝见礼"、"庆贺礼"、"筵宴礼"等。然而，这一切对于光绪皇帝来说，已经变成了他不堪应付的沉重负担。本来，他并不想娶桂祥之女为皇后，对这场出于慈禧太后需要而一手包办的婚事，光绪皇帝并没有喜悦与欢愉，反而觉得自己仍是慈禧太后手中的一尊木偶，被人挥来拖去，心中怅然、失落、忧愤、痛苦，到婚后第四日，他借口有病，竟把原定在太和殿宴请"国丈"及整个皇后家族、在京满汉大员的筵宴礼撤销了。当光绪皇帝命人把宴桌分送给在京的王公大臣时，竟然未提隆裕的父亲及族人。这在当时京师的街头巷尾，一时成为人们传闻的话题，议论纷纷。年轻气盛的光绪皇帝想用这种方式发泄胸中的愤懑，可见他当时的心情已经糟糕透顶。

光绪十二年（1886年），光绪皇帝年满十六岁，已届亲政年龄。按照清朝祖制及臣民的心态，慈禧太后不得不考虑归政的问题。

慈禧太后视权势为生命，虽然出于祖制与舆论的原因，不得不让光绪皇帝亲政，但她内心的深处有一种权力失落感，这是从皇宫听政下滑到去颐和园颐养天年的无奈和冷清而产生的失落感。光绪皇帝毕竟不是她的亲生孩子，这就使她对光绪皇帝多了一层猜忌和多疑的心理。

企图继续控制政权，但在表面上又不能不故作姿态，作出愿意归政的样子，这是慈禧太后深思熟虑后决定采取的步骤。

经过缜密考虑，慈禧太后于六月初十（7月11日）召集醇亲王奕譞及军机大臣礼亲王世铎等人，表示明年归政，并煞有介事地发下懿旨：着钦天监于明年正月选择吉期，举行亲政典礼，所有应行事宜及应复旧制之处，着各该衙门敬谨查照成案，奏明办理，将此通谕中外知之。

懿旨措辞诚恳，态度明朗，但这不是慈禧太后的真正心理，其实质是对奕譞及世铎等人的一个政治试探。在近三十年臣事慈禧太后的政治生涯中，奕譞及世铎等人早已深谙慈禧太后的权术。如果慈禧太后诚心归政，光绪皇帝亲政，作为皇帝亲生父亲的奕譞当然求之不得。但他深知这只是梦想，而且这一梦想稍露端倪，他就得身败家亡。这是一次不动声色、不露痕迹的心理试探与较量。经过千思百虑，奕譞终于想出来一个用"训政"方案代替"垂帘听政"的两全其美的办法。

六月十五日（7月16日），奕譞上奏：王大臣等审时度势，合词吁恳皇太后训政。敬祈体念时艰，俯允所请。同时为了示之以诚，又建议归政后，"必须永照现在规制，一切事件先请懿旨，再于皇帝前奏闻"。就是说，即使归政了，目前的政治格局也要永远保存下去。世铎则奏：请皇太后再训政数年，于明年皇上亲政后，仍每日召见臣工，披览章奏。众大臣紧跟奕譞、世铎之后，几乎异口同声地请求太后训政。经过半推半就的表演，在朝野上下一片恳请太后训政的呼声中，慈禧太后见时机已经成熟，便勉允所请，"于皇帝亲政后再行训政数年"。

为使训政制度化，慈禧太后面谕世铎等人：将应行酌复旧制或变通办理及暂缓举行各事宜，公同酌议。世铎心领神会，同奕譞商定数款，史称《训政细则》。根据这个细则，一切权力仍归慈禧太后，光绪皇帝不过是一个十足的傀儡而已，与过去的皇太后垂帘听政没有什么本质区别。

光绪十五年二月初三日（1889年3月4日），光绪皇帝在举行婚礼的同时举行亲政大典。慈禧太后在慈宁宫接受光绪皇帝率群臣三跪九叩大礼。然后,光绪皇帝还宫,旋又出御中和殿,接受执事官行礼;接着,光绪皇帝再御太和殿,王公百官行礼,并宣表、颁诏。自此,光绪皇帝开始正式"亲政"了。

从垂帘听政到训政,到归政,从表面上看,慈禧太后将皇权逐步地移交给了光绪皇帝,实际上她仍然在幕后操纵着清朝的政局,政权仍然牢牢地握在太后的手掌里。

光绪皇帝在名义上是亲政了,但事事仍必须请命于慈禧太后,许多重大问题的决策仍然必须听命于慈禧太后。

翁同龢说:"现在办事一切照旧。大约寻常事上决之,稍难事枢臣参酌之,疑难者请懿旨。"[1]"疑难者",即政治、经济、军事、人事等军国大政方面的重大问题仍然要由慈禧太后同意才能做出决定。可见,全部政权依然牢牢地握在慈禧太后自己的手中。

光绪皇帝亲政初期,母子双方还算和睦。但是,这个"和睦"是以光绪皇帝拱手让出政权为代价的。随着时间的推移,光绪皇帝不再是个毫无主见之辈,他不甘心于自己的傀儡地位。他的近臣也认为慈禧太后的干政是不正常的。为此,以光绪皇帝为中心,逐渐形成了一股政治势力,这便是帝党。

帝党的最主要成员有五六个人,他们是文廷式、志锐、汪鸣銮、长麟、张謇等,其核心人物为翁同龢。翁同龢为大学士翁心存之子,咸丰时一甲一名进士。先任同治皇帝师傅,在弘德殿行走。后任光绪皇帝师傅,在毓庆宫行走。曾任军机大臣,后被罢职。以后再授军机大臣,并为总署大臣、户部尚书、协办大学士。翁同龢原来深得慈禧太后信任,"恩眷甚笃",在被慈禧太后和光绪皇帝召见时,曾对光绪皇帝说:"亲政后第一不可改章程",光绪皇帝回答:"断不改。"慈禧太后对

---

① 翁同龢:《翁文恭公日记》,光绪己丑二月初十日。

他们的一问一答非常满意，因为这是政治上的表态，说明他们对慈禧太后所实行的路线、方针、政策是完全赞同的。

然而，光绪皇帝亲政后，翁同龢却渐渐倾向于光绪皇帝。翁同龢非常忠于光绪皇帝，光绪皇帝也很重用和信任他。这样，在光绪皇帝周围，就逐渐聚集起了一批以翁同龢为首的帝党派系。他们支持光绪皇帝，要求太后彻底归政。然而，帝党成员骨干多为词馆清显、台谏要角，他们自视甚高，却无权无势，这哪里是后党的对手？

以慈禧太后为中心，原本就有另一股政治势力。这股政治势力是在慈禧太后与奕訢集团的斗争中逐渐形成的。慈禧太后给奕訢的最后一击是甲申易枢，通过人事上的任免，慈禧太后逐步排除了政敌，建立了完全听命于自己的政府班底。这标志着后党已经形成，只是还没有冠以"后党"这个名词而已。与帝党相比，这股势力人数众多。在帝党形成以后，慈禧太后的这股政治势力就有了它的名称——后党，这是一个支持慈禧太后并为慈禧太后所重用的官僚集团。慈禧太后希望得到这些官僚们的支持，而这些官僚们也希望慈禧太后继续执政，他们就可以继续被重用，一旦光绪皇帝亲政，自己的政治前途就很难说了，所以，在慈禧太后"归政"这个问题上，他们造成了一个满朝文武官员一致呼吁慈禧太后训政的态势，帮助慈禧太后达到了继续控制政权的目的。

后党的核心人物主要有荣禄、奕劻、刚毅、世铎等人，其成员则为京内的王公大臣、文武百官和京外的督抚藩臬，实权在握，阵营整齐，势力强大。

这两股政治力量矛盾斗争的表面化开始于光绪二十年（1894年）的中日甲午战争。

光绪皇帝亲政的第五年，爆发了中日甲午战争。围绕这一战争，以慈禧太后为核心的后党和以光绪皇帝为核心的帝党之间发生了第一次尖锐激烈的冲突。

光绪二十年（1894年）春，朝鲜爆发大规模的东学党起义。朝鲜政府请求中国政府出兵相助。清政府派提督叶志超、总兵聂士成率兵进驻牙山。日本为了侵略朝鲜，以保护在朝日民为辞，也派重兵前往朝鲜，直达韩京，与清兵对峙。中日战争一触即发。

在战和问题上，慈禧太后主和，光绪皇帝主战，争论和冲突由此而起。

慈禧太后主和，根据是李鸿章对中日双方实力的估计，原因是担心战败而受辱、丧师、割地、赔款。

光绪皇帝主战，根据是一帮士大夫的正气感。目的是要博取舆论的支持，干出一番惊天动地的事业。

在对日战和问题上，光绪皇帝一反过去对慈禧太后的言听计从，在帝党的支持下简直像换了一个人，其敢作敢为是前所未有的。

六月二十三日（7月25日），日本首先偷袭清军的运兵舰，中日战争爆发。战争爆发后，光绪皇帝每日召见朝臣，大谈抗战，且屡次谕令淮军统帅李鸿章派兵增援朝鲜。帝党推波助澜，纷纷上书言战，造成了一个主战的强大舆论氛围。最终，注重名声的慈禧太后因为害怕言官说她主和，"抑制皇上不敢主战，史书书之，何以对天下后世？"而作出妥协，同意光绪皇帝宣战，七月一日（8月1日）光绪皇帝正式发布了对日宣战上谕。

虽然发布了宣战上谕，但帝党对日作战却要依靠主和的李鸿章。李鸿章是淮军统帅，而淮军又是当时中国最重要的一支武装力量。李鸿章为了保存自己的实力，赞成后党的主张，主张对日妥协。在这种思想的指导下，淮军在战场上一败再败。对此，上上下下对李鸿章十分不满。帝党官僚纷纷上书弹劾李鸿章。七月二十三日（8月23日），志锐首先出马，奏参李鸿章衰病昏庸，请求另行"简派重臣至津督师"。两天以后,长麟等又上奏要求撤换淮系北洋海军提督丁汝昌。

八月十六日(9月15日),朝鲜首都平壤陷落,战火很快烧过鸭绿江,中日展开了辽东半岛之战,继而日军又向威海卫发动了进攻,李鸿章成为全国各阶层人士所痛恨的卖国贼。帝党对李鸿章发动了更大规模的责难。在"群议沸腾"下,光绪皇帝发布上谕,给李鸿章以"拔去三眼花翎,褫去黄马褂"的惩罚。

翁同龢认为,"将不易,帅不易,何论其他?"于是,与文廷式、张謇、丁立钧等商议,酝酿联名奏请起用元老重臣恭亲王奕訢。

八月二十八日(9月27日),张謇与盛昱等再次在山西会馆商议此事。次日,翰林院又集议于全浙会馆,起草了请求重新起用奕訢的奏折,列名者多达57人。

九月一日(9月29日),光绪皇帝任命已下台闲度十年的奕訢"管理总理各国事务衙门事务,并添派总理海军事务"。

帝党之所以要起用奕訢,主要是因为奕訢是被慈禧太后赶下台的,对慈禧太后当然不满,容易与帝党团结一心。同时,帝党希望通过起用奕訢,借以剥夺后党奕劻和后党支持者李鸿章所把持的军事、外交大权,具有向后党夺权的性质。

很快,光绪皇帝在人事上又做了一些安排。十月,任命翁同龢及接近帝党的官僚李鸿藻两人为军机大臣,同时还任命翁同龢主持同文馆,以求打破后党官僚独霸军机处的局面,以便分享一部分权力。

对于光绪皇帝和帝党的咄咄攻势,慈禧太后和后党当然是极为不满的,于是,慈禧太后开始发动反攻。

由于慈禧太后和李鸿章等人的对日妥协活动越来越严重,光绪皇帝亲信大臣,瑾妃、珍妃之兄,吏部侍郎志锐具折参劾慈禧太后的亲信孙毓汶、徐用仪及北洋大臣李鸿章,这就触怒了慈禧太后。慈禧太后降旨,将瑾妃和珍妃革去封号,降为贵人,并处褫衣廷杖的苦刑;同时,将志锐贬到乌里雅苏台。帝党御史安维峻也上了一个奏章,揭露李鸿章卖国的同时,还说和议出自皇太后。慈禧太后读了这个措辞激烈的奏章以后,大为震怒,说他"妄造谣言",迫使光绪皇帝下令革除他的职务,并把他发往张家口充军。帝党重要成员,瑾、珍二妃的师傅文廷式"托病出京",回了老家,才幸免于难。慈禧太后的这些举动,其目的除了打击光绪皇帝和帝党的气焰,还有剪除光绪皇帝羽翼的目的。

光绪二十一年(1895年)一月,不甘服输的光绪皇帝任命刘坤一为钦差大臣,督办东征军务。刘坤一率湘军八十余营,进驻山海关一带。这是开战以来最大的一次出兵,也是主战派的最后一试。但是,由于刘坤一指挥不当,加之军队的战斗力太弱,在进攻牛庄、营口、田庄台等地时,湘军一触即败,溃不成军。而奕䜣被起用后,由于年老又离职长达十年之久,加之对慈禧太后发自内心的恐惧等原因,并未能发挥帝党预期的牵制后党的重大作用。

此后,在清朝中央内部,主战派渐趋沉默,主和的声音一时间甚嚣尘上。光绪皇帝痛恨、悲哀、坐卧不宁,在内外的双重压力下,他不得已决定对日妥协。最初,光绪皇帝派张荫桓、邵友濂前往广岛会谈,遭到日方拒绝,理由是他们非全权大臣。光绪皇帝只好派出了全权大臣李鸿章前往日本,要求停战议和。

三月二十三日(1895年4月17日),李鸿章代表清政府和日本签订了丧权辱国的《马关条约》,决定赔款白银二亿两,开放沙市、重庆、苏州、杭州为商埠,割让辽东半岛、台湾、澎湖列岛给日本。中日甲午战争宣告结束,帝后两党关于和战的争论也偃旗息鼓。

综观帝后两党的第一次正面交锋,可以看出:在这次战争中,后党主和,帝党主战,最后战争以"和"结束,说明后党是这场争论的胜利者。同时,后党将帝党之安维峻革职、充军,将光绪皇帝的两个宠妃降封,将光绪皇帝的亲信大臣志锐贬往远方,逼文廷式"托病归里",

等等,在一定程度上杀了光绪皇帝的威信,剪了光绪皇帝的羽翼。但是,在战争进行过程中,光绪皇帝第一次大胆地行使了皇帝的权力,处分了慈禧太后的信臣李鸿章,起用了被慈禧太后赶下台的奕訢,任命刘坤一为钦差大臣,任命翁同龢、李鸿藻为军机大臣,既打击了后党,又在一定程度上加强了帝党的实力。更重要的是,通过这次较量,光绪皇帝得到了锻炼,增强了同后党斗争的信心,特别是在满朝大臣们面前在一定程度上改变了自己傀儡无能的形象,这对于吸引更多的官员站在帝党的一边是有着重大作用的。所以说,这场较量双方并未分出胜负。

甲午战争结束后,帝、后两党的矛盾不但未能缓解,相反,在权力的争夺上二者之间的争斗更加激烈起来。

甲午战后,一些帝党官僚已经开始明确劝说光绪皇帝从慈禧太后那里收回权力,这在以前是从未有过的事。吏部侍郎汪鸣銮、户部侍郎长麟都曾经劝说光绪皇帝:太后虽然是穆宗(同治帝)的生母,但实际只不过是文宗(咸丰帝)皇帝的一个妃子。皇上是承嗣文宗皇帝的,没有以文宗的妃子为母亲的道理。所以,慈安皇太后才是皇上的嫡母。至于慈禧皇太后,在穆宗朝可以称太后,在本朝只不过是先皇帝的遗妃,与陛下本来就不存在什么母子的名分,请陛下不要事事让什么"母子名分"来捆住自己的手脚。光绪皇帝听后默默无语,但没有明确表示反对。另外,文廷式也曾明确地劝光绪皇帝从慈禧太后那里收回大权。

从光绪皇帝来说,他对慈禧太后的不满开始从言行上有所表露。一些慈禧太后身边的太监,经常依仗主子的权势作威作福。对此,光绪皇帝曾多次提出警告,但收效甚微。一次太监李英材、张受山在京城寻衅闹事,并打死了拘捕他们的士兵。刑部尚书薛允升根据法律,将两个太监判了死刑,并上书光绪皇帝,指出皇上可以网开一面,不妨给他们减罪，但我们大臣是执法的人，不敢稍有宽容。光绪皇帝立即指示：同意刑部意见，对两个为非作歹的太监处以死刑。行刑之日，民间称快。此后，太后身边的太监们的言行有所收敛。

从慈禧太后来说，她是决不肯彻底归政于光绪皇帝的。面对光绪皇帝的越轨行为，她采取了一系列措施来回击。

首先，加强了对光绪皇帝与帝党重要成员的监视。

为了掌握光绪皇帝的动向，慈禧太后派太监充当耳目，密切监视其一举一动。有时候光绪皇帝赏给王公大臣点心，慈禧太后也要让人剖开看看，检查是否藏有什么密诏。光绪皇帝召见大臣，她也派太监躲在旁边偷听。汪鸣銮、长麟曾劝光绪皇帝收回大权的那次谈话就被躲在屏风后的太监听到了，并马上报告了慈禧太后，慈禧太后得报后，其愤怒程度可想而知。很快，她就逼光绪皇帝传旨罢斥长麟、汪鸣銮。诏书说：汪、长在召见时，多次挑拨离间两宫之间的关系，着立即革职，永不叙用。

其次，撤销上书房，将翁同龢赶出毓庆宫。

这当然是为了阻止翁同龢同光绪皇帝的接触，阻止翁给光绪皇帝出谋划策。对于此事，梁启超在《戊戌政变记》中这样记载："翁时在军机，仍兼毓庆宫行走。毓庆宫者，皇上读书之地也。上召见军机时，翁与军机诸臣同见。皇上幸毓庆宫时，则翁同龢一人独见。乙未（1895年）六月间，皇上用翁之言，将孙毓汶、徐用仪等罢斥。西太后怒，乃将翁同龢革去毓庆宫差事，令其不得与皇上密谈。"[1]这个事件对帝党打击很大。

再次，罢免帝党重要官僚。

如前所述，光绪二十年（1894年）慈禧太后逼光绪皇帝罢免了汪鸣銮、长麟。光绪二十一年（1895年）又罢免了文廷式。帝党的核心人物原本只有翁同龢、志锐、文廷式、汪鸣銮、长麟、安维峻、张謇等数人。在甲午战争期间，安维峻被罢官，充军张家口；志锐被贬往乌里雅苏台；文廷式被迫托病回家。战后，翁同龢被赶出毓庆宫，汪鸣銮、长麟被同时罢官；文廷式重新起用不久再被革职。至此，所谓的帝党已非常虚弱了。经过甲午战后的两年较量，光绪皇帝本人在慈禧太后的打击下，开始尝到了这位太后的厉害。以后谁再在他面前谈收回权力的话，他都马上制止，耽心给别人与自己引来麻烦。对待慈禧太后也更加谨慎，生怕一不小心触犯了她。

戊戌政变后，慈禧太后已下决心换掉光绪皇帝。但她将这个想法一吐露给各国驻华公使，就遭到了列强驻华公使的一致明确反对。为了发泄胸中这口恶气，慈禧太后又企图利用民间新兴起的义和团的力量来与洋人博弈。

内争的结果必然会导致外侮。

由于上述这种原因，在19世纪末20世纪初的内政外交中，奕劻不仅首当其冲，而且处在又一个更大的风口浪尖上，一不小心就会翻船。这就是奕劻主持总署工作期间必须面临的第二件政治大事：义和团问题以及与此相关的列强入侵问题。

光绪二十四年（1898年）夏，在外国传教士较多的山东省，义和团运动兴起。

义和团尚处于萌芽阶段，奕劻就是该运动的直接关系者。奕劻从弱国无外交的立场出发，并不相信和支持这股新兴的民间反洋教力量。他对待义和团的态度是：尽快剿灭，以免引起更大的外交事端从而导致局面不可收拾。

由于民教冲突日益增多，光绪二十二年（1896年），总理衙门拟定了教案处分章程。同年五月，山东单县大刀会毁教民房屋，焚洋学。

清廷下谕命山东巡抚速即剿除。光绪二十三年（1897年），山东巨野教案发生，奕劻就是和德国公使海靖进行交涉的主要人物之一。同年九月，清廷以山东巡抚李秉衡为四川总督，张汝梅为山东巡抚。十月，德国教士二人在山东曹州府巨野被杀。德舰占领胶州湾，夺据青岛炮台。奕劻等向德国公使海靖提出抗议。海靖照会奕劻等，要求将李秉衡革职，租借胶州湾，承办山东路矿。此后，随着民教冲突的不断升级，直隶地区义和团运动的迅猛发展，奕劻在外交方面所起的作用也愈发明显起来。但终义和团时期来看，奕劻的外交活动因为保守派的盲目的强硬政策而无法施展，最终以签订屈辱的《辛丑条约》而告终。

光绪二十六年八月初一日（1900年8月25日），李鸿章电请派奕劻、荣禄、刘坤一、张之洞为全权大臣。初二日（26日），留京大学士昆冈等请饬奕劻回京，速定大计。初三日（27日），慈禧太后命奕劻回京，便宜行事，会同李鸿章妥商办理议和之事。初四日（28日），俄军进攻黑龙江省城齐齐哈尔，将军寿山自杀。初七日（31日），慈禧以载漪为军机大臣，载澜为御前大臣。①初十日（9月3日），奕劻自宣化回抵北京，英国、日本派兵迎护。十一日（4日），奕劻晤总税务司英国人赫德，并照会领衔公使西班牙公使葛络干。十二日（5日），奕劻由日军司令福岛代发电催促李鸿章来京。十三日（6日），奕劻偕那桐拜会俄、英、美、西、意、比及日本公使。俄使格尔思与奕劻商东三省停战。十五日（8日），清廷谕李鸿章，称此次到京，安危存亡所系，旋乾转坤，匪异人任，当勉为其难。十六日（9日），奕劻与李鸿章、荣禄被授为全权大臣，刘坤一、张之洞会办议约事宜，均准便宜行事。二十二日（15日），比利时公使致函奕劻，劝两宫回京。二十三日（16日），俄使函奕劻，劝两宫回京。二十四日（17日），英、日、西班牙公使函奕劻，

---

① 中国第一历史档案馆编:《义和团档案史料续编》（上册），中华书局1990版，第746页。

劝太后、皇帝回銮。李鸿章也电请回銮。清廷不允,命奕劻先劝各国撤兵,并命李鸿章即进京会商一切。二十五日(18日),美使函奕劻,劝两宫回京。接着,俄使、意使亦函奕劻,劝銮驾回京。闰八月初三日(9月26日),奕劻等奏请回銮,以固根本。诏命与李鸿章妥商。命毓贤开缺,以锡良为山西巡抚。初五日(28日),俄军陷奉天辽阳。初九日(10月2日),陷沈阳。初十日(3日),法使致函奕劻,劝两宫回京。十八日(11日),李鸿章抵北京。二十日(13日),清廷授奕劻为全权大臣,便宜行事,会同李鸿章妥商应议事宜。二十二日(15日),奕劻与李鸿章照会各使,自认围攻使馆最违公法,承认赔款、修改商约,请交出总署,撤兵停战。二十五日(18日),刚毅病卒。二十六日(19日),联军占领保定。九月初三日(10月25日),清廷命奕劻、李鸿章诘阻洋兵西犯。初四日(26日),慈禧太后、光绪帝等抵西安,载漪等留潼关。清廷命奕劻、李鸿章确询洋兵西向,用意何在?十二日(11月3日),奕劻、李鸿章电请惩处载漪、董福祥,各国公使要求将祸首十一人正法,并速定回銮日期。十六日(7日),上谕奕劻、李鸿章:一俟款议就绪,即定期回銮,并无久居长安之意。以毓贤办事荒谬,命革职查办,交地方官严加看管,不许前来行在。十九日(10日),奕劻、李鸿章奏:各使意在严办祸首,十一人必须正法。二十日(11日),荣禄抵西安。二十二日(13日),清廷加重惩治庇纵拳匪诸臣。命奕劻、李鸿章切实向各使商明,克日开议。荣禄另电奕、李,董福祥宜缓图。二十四日(15日),奕劻、李鸿章晤联军统帅瓦德西,盼和局早日开议。二十八日(19日),命奕劻、李鸿章速即会商刘坤一、张之洞开议条款。二十九日(20日),奕劻、李鸿章电荣禄:各使坚持办董福祥。密电复:董福祥久握兵符,陕甘汉回倾向,稍涉操切,恐成巨祸,将来断不轻纵,惟须相机妥办。当时,传说刘坤一、张之洞将被撤任,美、英、德使先后通知奕劻、李鸿章:刘坤一、张之洞万不可动。三十日(21

日），清廷以事机紧迫，命奕劻、李鸿章相机审势补救，得一分是一分，款议可成不可败。十月初三日（11月24日），奕劻、李鸿章电荣禄：各使认董福祥为肇祸最要，且疑荣禄袒护。初四日（25日），再电：不办毓贤、董福祥，和议断难望成，请速回天听。清廷密谕奕劻、李鸿章，准其便宜行事，不必往返稽延，致生他变，应以宗社为重，力维大局，毓贤即将置重典，惟懿亲不能加刑。荣禄电复，否认刘坤一、张之洞有撤任之说。初六日（27日），奕劻、李鸿章电称：各国公使坚持惩董福祥，应驱逐远离，不得仍在朝廷左右。初七日（28日），意、法兵西进不止，命奕劻等与法使商阻。十二日（12月3日），甘肃提督董福祥革职留任，命带所部回甘。十四日（5日），谕奕劻、李鸿章，如有为难之处，可据实直陈，切勿迁延日久。因各使抗议，奕劻、李鸿章电请撤销李秉衡恤典。十五日（6日），清廷命奕劻、李鸿章会商各国将康有为羁禁。十六日（7日），清廷命奕劻等仍速催开议。二十日（11日），清廷从奕劻、李鸿章奏请，慰问俄主病，并谢交还东三省。十一月初一日（12月22日），奕劻、李鸿章与十一国公使会商于西班牙使馆，议和大纲十二条，大致决定。初三日（24日），各国公使将联合通牒面交奕劻、李鸿章，提出和约大纲十二条：（1）戕害德使一事，由中国派亲王专使往德国谢罪，并于被害处树立铭碑；（2）严惩祸首，其戕害凌虐各国人民之城镇，五年内停止科考；（3）戕害日本书记生事，须用优荣之典，以谢日本政府；（4）于污渎发掘各国人民坟墓之处，建立碣碑；（5）军火及专为制造军火之材料，不准运入中国；（6）赔补外人及为外人执事之华人身家财产所受损失；（7）各国驻兵护卫使馆；（8）北京至海边须留出畅行通道，大沽炮台一律削平；（9）由各国驻兵留守通道；（10）张贴永禁军民人等仇视各国之谕旨；（11）修改通商、行船各约；（12）改变总理各国事务衙门及各国公使觐见礼节。初四日（25日），西安行在接到和约大纲。初五日（26日），荣禄等电奕劻、李鸿章磋议和款。初六日（27日），诏允和议大纲，仍望磋磨补救。接着，张之洞指陈大沽撤炮台、京津驻洋兵等不妥，诏命奕劻、李鸿章酌办。十四日（1901年1月4日），奕劻、李鸿章电驳张之洞，称："不料张督在外多年，稍有阅历，仍是二十年前在京书生之习，盖局外论事易也。"十六日（6日），又电，称："臣等只有遵旨办理，刘、张（刘坤一、张之洞）等相距已远，情形未能周知，若随时电商，恐误事机。"①十七日（7日），清廷命奕劻、李鸿章婉告各使，董福祥事恐激而生变，非有意庇护。二十日（10日），旨准画押和约大纲。二十五日（15日），奕劻、李鸿章将和约大纲画押。十二月初四日（1月23日），奕劻写信给荣禄。两人同岁，奕劻称荣禄为二哥，可能荣禄比奕劻生日大。他在信中写道："密启者：未开议之先，笔舌往返，几费经营。仰荷两宫圣明，洞烛此事办理之艰，俯如所请，实中外臣民之庆。嗣南皮（张之洞）忽发高论，各使哗然，又添许多波折。幸得执事仰赞庙谟，俾已定之局，不致功亏一篑。……禁止军火，于中国治军、剿匪不无窒碍。弟与各国力争，奈事由法廷发端，各使无从驳改。俄使言：此论虽列条款，将来仍系空文……况洋商惟利是图……政府亦无从查禁。……大沽炮台，昔为要区，今成虚器。通海畅道既有洋兵留守，我虽有坚台巨炮巍然排立，亦属徒具外观。似不如化险为夷，使彼人无所猜忌，冀可暂图目前之安，徐筹自强之策。"初十日（29日），清廷下诏变法。十九日（2月7日），以各国要求加重惩办祸首，命奕劻、李鸿章切实剖辩。二十日（8日），各国公使为惩办祸首，再照会奕劻、李鸿章。光绪二十七年正月初三日（1901年2月21日），清廷加重惩治肇祸诸臣，命奕劻、李鸿章照会各国，将启秀、徐承煜交回，即行正法。初四日（22日），毓贤在兰州正法。初六日（24日），命奕劻、李鸿章统筹兼顾，将

---

①《义和团档案史料》（下册），中华书局1959年版，第865、866页。

俄与各国不相下之处，销融无迹。十八日（3月8日），命奕劻、李鸿章相机与俄婉商，择要补救。二十五日（15日），奕劻、李鸿章电军机处，俄约已驳改，请照准。二十七日（17日），命奕劻、李鸿章展限画押。二月初八日（3月27日），奕劻、李鸿章电，若不画押，俄必决裂，祸患即在目前，乞速定大计。初九日（28日），清廷谕奕劻、李鸿章，仍先定公约，再议专约。在与俄国议和问题上，奕劻与李鸿章存在分歧。他曾经为此专门写密信给荣禄倾诉："东三省事关中外大局……合肥极盼东约早成，以为他事可以迎刃而解。殊不知各国环伺，已有责言，若竟草草画押，必致纷纷效尤。合肥更事之久，谋国之忠，弟凤所钦佩，独中俄定约一事，不免过有成见。即以近日电奏而论，大都于会衔发电后抄稿送阅，弟亦无从置词。其前后电陈不无矛盾，谅在朝廷洞鉴。当此时局岌岌，弟膺兹艰巨，原不必苟为异同，致烦宸廑。惟此事画押与否，关系中国安危，亦何敢随声附和，徇一国而触各国之怒。昨于庚午电奏，单衔密陈，惟盼朝廷权衡利害，慎重施行。刻东约断难处定，弟惟催促各使早议公约，仍与合肥和衷商办。但恐奉职无状，或此后会衔电奏中，语句稍有未当之处，不妨由执事请旨申饬，庶几共知儆惧，不敢草草从事，于议款确有裨益。弟虽同受呵谴，所不敢辞。"[①]在西安行在主持军机处的荣禄，一面电慰奕劻，一面劝李鸿章勿过执己见。三月初三日（4月21日），清政府设督办政务处，派奕劻、李鸿章、荣禄、王文韶等为大臣，刘坤一、张之洞亦参与，将一切因革事宜，悉心评议次第奏闻。四月初一日（5月18日），清廷谕奕劻、李鸿章迅将和约议结，以便定期回銮。二十一日（6月7日），诏择于七月十九日（9月1日）由河南、直隶一带回京。六月初九日（7月24日），改总理各国事务衙门为外务部，派奕劻总理外务部事务。十四日

---

① 杜春和等编：《荣禄存札》，齐鲁书社1986年版，第7—8、12页。

（29日），谕奕劻、李鸿章，乘公约既成之际，再向俄使婉商东三省交地约章，务与刘坤一、张之洞各捐除意见，和衷经画。当时，李鸿章谓刘、张为日本所愚，刘、张谓李为俄人所愚。奕劻站在刘、张这一边。在此期间，奕劻还写信给荣禄，称美国全权柔克义曾两次照会，美使康格又具照会，为已革侍郎张荫桓乞恩，还称张荫桓曾充该国驻使，经其总统赏给宝星，若不开复原官，有碍该国体面。请荣禄于召对时委婉陈请，将张荫桓开复原官，庶免另生枝节。七月二十五日（9月7日），奕劻、李鸿章与德、奥、比、西、美、法、英、意、日、荷、俄十一国代表签订《辛丑条约》，共十二款：（1）对德谢罪；（2）惩办祸首；（3）对日谢罪；（4）于外国坟墓被掘处建碑；（5）禁止军火运入；（6）赔款；（7）使馆驻军；（8）削平大沽炮台；（9）各国于北京、山海关间驻兵；（10）张贴禁止仇外之上谕；（11）修浚白河、黄浦江；（12）改总理衙门为外务部。八月二十四日（10月6日），慈禧太后、光绪帝离西安回京。二十六日（8日），以俄约关系甚重，谕奕劻、李鸿章熟思审处，勿贻后患。二十八日（10日），清廷命奕劻前来河南迎銮。九月二十六日（11月6日），又命奕劻迅速来开封。二十七日（7日），李鸿章卒。十月二十日（11月30日），撤去溥儁大阿哥名号。十月二十八日（12月8日），以议和及共保东南疆土有功，赏奕劻双俸，荣禄、王文韶、刘坤一、张之洞、袁世凯等双眼花翎，官衔有差。十一月十八日（12月28日），开复已故户部左侍郎张荫桓原官。二十八日（1902年1月7日），慈禧太后、光绪帝回到北京。二十八年（1902年）三月，奕劻、王文韶与俄使雷萨尔订立《东三省撤兵条约》。六月，奕劻照会德、英、俄、法、日、意六国公使，请交还天津。八月，奕劻、王文韶与雷萨尔商定交还山海关外铁路条款。十月，奕劻与雷萨尔订中俄陆路接线展限续约。二十九年（1903年）三月，军机大臣、大学士荣禄病故，奕劻继任首席军机大臣。十月，慈禧太后又命奕劻总理练兵事务，袁世凯充会办大臣,铁良襄同办理。[①]

奕劻在义和团时期,与荣禄、李鸿章、刘坤一、张之洞、袁世凯等互相呼应,互相支持,不赞成杀教民,杀洋人,拆电线,毁铁路,不赞成与外国开战,事实证明,奕劻等人比毓贤等人对时局的判断棋高一着。

《辛丑条约》签订后,奕劻出任清政府外交部管部大臣,继续与列强各国商谈其他善后问题,主要为日、俄侵占东三省等一系列问题。光绪末年与宣统年间,奕劻在清朝外交事务上继续发挥作用。清亡前夕,清政府与列强驻华公使的一系列交涉,载沣与隆裕太后也一直全权委托奕劻办理。

从庆亲王奕劻主持19世纪末20世纪初中外交涉的几件大事来看,他对慈禧太后的每一个决策都是忠实执行,遇有不同意见,则沉默不语,对各王公大臣的争议,亦少有介入,实为明哲保身。在随慈禧太后出逃后,又临危受命返京与列强谈判,虽竭尽全力,也抵不过列强的软硬兼施,未使列强提出的大纲各款有何根本性的改变。历史再次证明,弱国无外交。在谈判桌上,没有强有力的后盾,只能听命于强国的欺压,直至最后屈服。这个时期的奕劻外交着着失利,其中有他本人生性懦弱的一面,也有他无奈的一面。历史再次告诫人们:强大外交,既要有强盛的国力,又离不开不卑不亢的精神,惟其如此,才能在外交谈判桌前取得胜算。

首席军机

光绪二十九年四月十一日(1903年5月7日),主持军机处工作的政府首脑荣禄病逝。

---

① 参见贾熟村:《义和团时期的奕劻》,《菏泽学院学报》2010年第3期。

荣禄是晚清时期少有的一位满族能臣。他为人沉毅,能断大事,有眼光,有见识,有手腕,办事能力强。他不仅深得慈禧太后的赏识和重用,而且在日常工作中也与李鸿章、袁世凯、刘坤一、张之洞等汉族督抚关系密切。甲午以后,他逐渐成为慈禧太后须臾离不开的心腹股肱。无论是在戊戌维新时期,还是在庚子事变期间,在每一次重大的变局中,荣禄总是慈禧太后最忠诚有力的支撑者。对于荣禄之死,慈禧太后十分伤心。遗憾之余,慈禧太后环顾朝廷之内,能继荣禄者无人。众皇族中,载沣、载泽等人太过年轻幼稚,只有庆亲王奕劻资历、阅历与身份还可差强人意。在慈禧太后看来,奕劻从主持总署工作开始进入政治舞台,至今已经近二十年。他熟悉外交与夷务,在各国驻华公使中尚有口碑;他在光绪十年(1884年)与李鸿章一起办理过海军衙门事务,光绪二十年(1894年)也参与过荣禄主持的督办军务处的建军工作,比较熟悉军事方面的业务;更重要的是,他对慈禧太后十分忠诚,唯慈禧太后马首是瞻。经过慎重考虑,慈禧太后决定让奕劻补荣禄之缺,担负起清朝的政府领袖的职责。这样,在光绪末年与宣统年间,奕劻就以亲王之尊成为主持清朝推进新政、深化改革的政府首脑。

在经济改革方面,奕劻主持军机处工作伊始,就积极支持载沣、袁世凯等人的建议,加快了建立商部的步伐。商部建立后,奕劻之子载振被任命为首任尚书,负责对工商业进行全面的管理。"1905年,商部为增加财源所做的努力是相当成功的。在庆亲王的支持下,朝廷同意让商部管理崇文门和入市税征收处,这些税署征集北京进出口货物税。"①光绪三十二年(1906年),清政府进行官制改革,商部改为农工商部,原来归商部所辖的铁路、航运、电报、邮政等重要业务被新成

---

① [美]陈锦江著,王迪、张箭译:《清末现代企业与官商关系》,中国社会科学出版社1997年版,第182页。

立的邮传部夺去,尽管奕劻父子反对这种做法,但并未能成功。光绪三十三年(1907年),载振因为"杨翠喜案"被开去农工商部尚书一职后,该部的地位迅速衰落,逐渐变得无足轻重。总体看来,新政时期,奕劻在经济改革方面的作用主要表现在他积极推动清末经济改革、成立新的全国工商业领导机构上面。另外,在支持各地督抚进行经济改革与发展方面,他也起到了不少的积极作用。

在预备立宪方面,奕劻的积极态度影响了慈禧太后的决策路径。

在朝野上下掀起的强烈要求立宪的热潮推动下,慈禧太后多次召开御前会议,听取王公大臣关于立宪的意见。在众王公大臣中,庆亲王奕劻的"从速立宪"主张对慈禧太后决定实施预备立宪起到了至关重要的作用。

这是由于:

(1)庆亲王奕劻当时任外务部的管部大臣,同时在军机处任领班军机大臣,集内外军政大权于一身,他的地位之重、影响力之大是其他王公大臣所无法替代的;

(2)在慈禧太后看来,奕劻老成持重,比年轻一代的亲贵们更具有政治阅历。

奕劻的立宪主张是持续升温的,到颐和园廷辩时,他的主张已经倾向于迅速立宪。

光绪三十二年七月初九日(1906年8月28日),清廷在颐和园第二次召开御前会议,商讨立宪问题。

庆亲王奕劻首先发言:"今读泽公及戴、端两大臣折,历陈各国宪政之善,力言宪法一立,全国之人,皆受治于法,无有差别,既同享权利,即各尽义务。且言立宪国之君主,虽权利略有限制,而威荣则有增无减等语。是立宪一事,固有利而无弊也。比者全国新党议论,及中外各报海外留学各生所指陈所盼望者,胥在于是。我国自古以来,朝廷大政，咸以民之趋向为趋向。今举国趋向在此，足见现在应措施之策，即莫要于此。若必舍此他图，即拂民意，是舍安而趋危，避福而就祸也。以吾之意，似应决定立宪，从速宣布，以顺民心而副圣意。"①

可见，身为首席军机大臣的奕劻之政见非常明确，即"立宪一事，固有利而无弊"，因而他主张从速立宪。

在奕劻等王公大臣的推动下，光绪三十二年七月十三日（1906年9月1日），清廷谕令京师和地方高级官员开始宪政的准备工作，颁发《宣示预备立宪先行厘定官制谕》。该上谕在叙述了中国国势不振和各国富强的原因之后写道："时处今日，唯有及时详晰甄核，仿行宪政，大权统于朝廷，庶政公诸舆论，以立国家万年有道之基。但目前规制未备，民智未开，若操切从事，涂饰空文，何以对国民而昭大信。故廓清积弊，明定责成，必从官制入手，亟应先将官制分别议定，次第更张，并将各项法律详慎厘订，而又广兴教育，清理财务，整饬武备，普设巡警，使绅民明悉国政，以为预备立宪基础。着内外臣工切实振兴，力求成效，俟数年后规模粗具，查看情形，参用各国成法，妥议立宪实行期限，再行宣布天下，视进步之迟速，定期限之远近。"②这道上谕确立了实行立宪的基本国策，国家由此进入预备立宪时期。这是清末朝廷全方位推行政治体制改革的开始。

光绪三十四年（1908年），民间立宪派团体、各省督抚和出使各国大臣陆续要求清政府召开国会，制定宪法。在国内各种政治力量的推动下，主张从速立宪的庆亲王奕劻也力促慈禧太后早日宣布立宪年限，亲自向慈禧太后、光绪皇帝奏陈："若不早将国是决定，使宪政克期实行，万一人心不固，外患愈深，陷中国于朝鲜地位，臣等不足惜，其

---

① 中国近代史资料丛刊《辛亥革命》（四），上海人民出版社1957年版，第14—15页。
② 故宫博物院明清档案部编：《清末筹备立宪档案史料》（上册），中华书局1979年版，第43—44页。

如太后、皇上何!"慈禧太后听后大为动容,当即答应宣布立宪年限。为使慈禧太后最后敲定这一重要国策,奕劻又进一步奏陈:"此事关系国家存亡,大诏一下,即须实行。惟实行宪政利于君利于民而不利于官,将来不肖官吏恐不免尚有希冀阻挠者。请圣上十分决心,然后可以颁布,否则将来稍有摇动,恐失信于民,即危及君上,国家大局必败于阻挠者之手。"慈禧太后"毅然谕允"。①随后,奕劻掌管的宪政编查馆于光绪三十四年八月初一日(1908年8月27日),向慈禧太后进呈宪法大纲及议院选举各纲要,提议预备立宪期限为九年。在水到渠成的情况下,八月二十七日(9月22日),清政府宣布以九年为期筹办立宪预备事项,并颁布了中国历史上第一部宪法性文件——《钦定宪法大纲》,以及《议院法要领》《选举法要领》和《逐年筹备宪政事宜清单》。

光绪三十四年(1908年)夏秋间,慈禧太后身体时有不适,眠食失宜。入冬以后,她又害起了痢疾,下泄不止。十月初十日(11月3日),是这位老太后74岁的生日。生日大庆的欢乐并没有减轻这位已经主宰了大清朝48年命运的铁腕女人的疾病痛疼。相反,多日的劳累,使她的病情有增无减。慈禧太后预感到,该是她决定后事的时候了。

万寿节后,慈禧太后突然病重,择人嗣统、皇权交接,不容再缓。张之洞"请定大计",慈禧"颔之"。②当时,皇族各派势力围绕皇位、皇权展开激烈的争夺。恭亲王溥伟积极活动,谋取帝位。更为惊人的是,有消息称:"袁世凯准备废掉光绪,推戴奕劻的儿子载振为皇帝。"一时,山雨欲来风满楼。"这个以袁世凯为主角的阴谋,使她马上意识到了一种可怕的厄运——既是爱新觉罗皇朝的厄运,也是她个人

①《时报》1908年9月6日。
②《近代稗海》第1辑,四川人民出版社1985年版,第281页。

的厄运。"[1]为了控制局面,以防不测,慈禧太后强打精神,拿出她往日的干练与雷霆不测的手段,果断采取两项有力措施:一是支开奕劻,令他驰往东陵,验收普陀峪万年吉地工程;二是把段祺瑞所辖北洋第六镇官兵全部调离北京,开往涞水,同时把铁良统辖的北洋第一镇旗兵调进北京接防。

据恽毓鼎十月十四日(11月7日)日记中记载:"圣宫不豫,辍朝,唯庆亲王见慈圣于榻前。既退,即兼程赴普陀峪地宫。朝士惊惶,虑有非常之变。且闻枢臣讨论道光庚戌、咸丰辛酉故事。一夜北风怒号。"[2]

支开奕劻后,慈禧立即召见世续、那桐、张之洞等人,商议嗣统问题。十月二十日(11月13日),慈禧太后颁发懿旨:"醇亲王载沣之子溥仪,着在宫内教养,并在上书房读书。"[3]"策既定,电招奕劻回京,告以谋。"这天早晨,奕劻返京,皇位继承之事已定,木已成舟。奕劻尽管心中不满,但慑于慈禧太后的威力,只能"叩头称善"。[4]慈禧趁着奕劻在旁,当时就下谕召见载沣、世续、张之洞、袁世凯、鹿传霖等重臣进行托孤,立即把她立储的计划彻底付诸实施。

事实表明,慈禧太后尽管不让奕劻插手立储之事,害怕他与袁世凯联手发动宫廷政变,但这位精明的老妇人心中明白,在自己身后,清王朝离不开奕劻这样的有阅历、有历练、稳重的人物。

慈禧太后当政时,皇族亲贵中纵有门户派系也不敢张扬。慈禧太后一死,载沣虽贵为摄政王,但他既没有慈禧太后具有的那种巨大的威望,也不懂得运用慈禧太后恩威并用的用人手法,皇族亲贵内部很快四分五裂,政出多门,相互倾轧。

---

① 爱新觉罗·溥仪:《我的前半生》,群众出版社1964年版,第20页。
② 史晓风整理:《恽毓鼎澄斋日记》,浙江古籍出版社2004年版,第404页。
③《光绪宣统两朝上谕档》第34册,广西师范大学出版社1996年版,第243页。
④ 胡思敬:《国闻备乘》卷3,《近代稗海》第1辑,四川人民出版社1985年版,第282页。

孝钦训政时,权尽萃于奕劻,凡内外希图恩泽者,非夤缘奕劻之门不得入。奕劻虽贪,一人之欲壑易盈,非有援引之人亦未易攫身而进。至宣统初年奕劻权力稍杀,而局势稍稍变矣。其时亲贵尽出专政,收蓄猖狂少年,造谋生事,内外声气大通。于是洵贝勒总持海军,兼办陵工,与毓朗合为一党。涛贝勒统军谘府,侵夺陆军部权,收用良弼等为一党。肃亲王好结纳,勾通报馆,据民政部,领天下警政为一党。溥伦为宣宗长曾孙,同治初本有青宫之望,阴结议员为一党。隆裕以母后之尊,宠任太监张德为一党。泽公于隆裕为姻亲,又曾经出洋,握财政全权,创设监理财政官盐务处为一党。监国福晋雅有才能,颇通贿赂,联络母族为一党。以上七党皆专予夺之权,茸阘无耻之徒,趋之若鹜。①

宣统年间,皇族亲贵内虽然派系林立,政见分歧,你争我斗,但在抑制奕劻的问题上,倒形成了完全一致的意见。在皇族亲贵的眼中,奕劻无疑是一个另类。他们千方百计,唆使载沣扳倒奕劻。"比如载字辈的泽公,一心一意想把堂叔庆王的总揆夺过来。"②"而在奕劻一方面,以他之老奸巨猾,见多识广,这几位老侄对他的处心积虑,岂有看不出的道理?不过载沣的秉性和为人,从前在军机处上共事多时,早经明了,他是认为不足置虑的。就是载洵、载涛两兄弟,在他眼中看来,年轻少阅历,亦还容易对付。唯独载泽,尚和他拉个平手。但是他想到明争不能,只可用暗斗手段。以为载泽从未经管过财政,今忽作了度支部尚书,可以拿收支不平衡的难关来对付他。不过还感觉自己实力单薄。"奕劻为了对付各路敌党,于是拉拢那桐、徐世昌,别树一帜,"三个人结为一党,和载字辈这几个人各显其能,两不相下",以保护

① 胡思敬:《国闻备乘》卷2,《近代稗海》第1辑,四川人民出版社1985年版,第299页。
② 爱新觉罗·溥仪:《我的前半生》,群众出版社1964年版,第24页。

自己的地位。①前者有监国摄政王载沣撑腰,控制了军事、财政及代表民意的资政院等要害部门;后者则以首席军机大臣奕劻为首,占据了军机大臣四分之三的席位,牢牢把持着军机处。

到宣统三年(1911年),双方争斗的焦点,已经集中在由谁来掌控即将成立的新内阁的行政大权。

据《申报》记载:"政界中人言:此次新内阁用人一层,监国十分谨慎。缘监国摄政之初,曾有军国大事必须请示太后之规定,故此次设置内阁伊始,监国曾于隆裕太后前请示,太后谕以宜用老臣。所谓老臣者,即指庆邸而言,监国因命庆邸为总理大臣。"②

尽管由于隆裕太后支持与"庆邸系四朝老臣,勋业伟大,且于外交行政俱有阅历",③实力超群等因素,奕劻最终胜出,但载泽依然不依不饶,经常找载沣吵闹不休。

溥仪在《我的前半生》中说:"奕劻在西太后死前是领衔军机,太后死后改革内阁官制,他又当上了内阁总理大臣,这是叫度支部尚书载泽最为愤愤不平的。载泽一有机会就找摄政王,天天向摄政王揭奕劻的短。"④"初,庆亲王领军机时,僚属皆仰其意旨,及载某等入阁,常攘臂急呼,无复体统。"面对载泽咄咄逼人的气势,奕劻愤恨不已,"尝怫然曰:必不得已,甘让权利于私友,绝不任孺子得志也"。⑤这种皇族亲贵围绕权力问题而展开的争斗,严重影响了奕劻内阁的质量与正常运作。奕劻在武昌起义后竭力主张起用袁世凯,与其对载泽一帮少壮亲贵的压迫不满不无关系。可以说,军机处转为责任内阁后,政府不是变得更加强大,反而因为皇族亲贵之间的激烈权争变得更加虚弱了。

---

① 恽宝惠:《清末贵族之明争暗斗》,中国人民政治协商会议全国委员会文史资料研究委员会编:《晚清宫廷生活见闻》,文史资料出版社1982年版,第66页。
②《新内阁成立后种种》,《申报》1911年5月19日,第1张第4—5版。
③《内阁总理非此人莫属耶》,《申报》1911年2月17日,第1张第4版。
④ 爱新觉罗·溥仪:《我的前半生》,群众出版社1964年版,第24页。
⑤ 金梁:《光宣小记·内阁官制》,《落日残照紫禁城》,四川人民出版社1999年版,第229页。

慈禧末年，奕劻一身而兼数任，集中央政府的财政、外交、军事大权于一身，成为皇族亲贵集团中辈分最高、年龄最长、资望最深、权位最高的一位亲王。奕劻在庚子议和中，一方面保住了慈禧的统治权，同时又极大限度地满足了列强的其他要求，列强因此而成为其坚强的后台。奕劻内依外靠，权倾朝野，一时显赫无比，引起世人不满。统治集团中也不断有人弹劾他，每次都因慈禧太后的庇护得以逍遥法外。慈禧太后不怕奕劻贪污，但怕奕劻家族觊觎皇位。当庚子事变慈禧太后西向逃亡时，列强各国指名要奕劻回京议约，慈禧虽命奕劻入京，但毫不留情地将奕劻眷属全行携去作为人质，以防奕劻图谋不轨。慈禧太后回銮后，对奕劻与手握兵权的袁世凯之间的密切关系引起警觉，一度想将奕劻开缺。但是，事情还没办，消息倒泄露了出去。得到消息的外国记者将这件事在伦敦的报纸上披露出来，英国驻华公使立即前往外交部讯问，大有干涉之意，老太后只好来个矢口否认。慈禧欲罢奕劻而不能，无可奈何中，将载沣补入军机处，以分奕劻的权势。慈禧的如意算盘，因载沣的庸懦无能而落了空，载沣徒然为"伴食中书"而已。载沣监国摄政后，奕劻失去慈禧庇护，再加上袁世凯被罢官，一时陷于被动的局面。"在光绪末年招权纳贿，咸欲得而甘心，监国亦甚恶之。"①然而，载沣因顾及奕劻与列强的关系，也因与隆裕太后的矛盾激化而打消了排斥奕劻的念头。载沣欲倚奕劻以防隆裕太后，反而对奕劻优礼倍加。这样，奕劻在慈禧太后死后不仅没有垮台，反而在宣统朝成立内阁时，摇身一变又成了国家的内阁总理大臣。

载沣对奕劻的态度使亲贵中的各派势力十分不满。尤其是载泽一党，与奕劻更是势不两立。"以当时的亲贵内阁来说，就分成庆王奕劻等人的一伙和公爵载泽等人的一伙。""无论是哪一伙，都有一群宗

① 胡思敬:《国闻备乘》卷4,《近代稗海》第 1 辑，四川人民出版社 1985 年版，第 293 页。

室觉罗、八旗世家、汉族大臣、南北谋士；这些人之间又都互有分歧，各有打算。"①

载泽出身于远支宗室，是嘉庆皇帝一系的皇族子弟，自幼在宫中读书，因聪慧通窍、博闻强记深得慈禧太后的赏识。光绪三十一年（1905年）曾作为五大臣之一出洋考察过西方宪政，加上其妻为隆裕太后之妹，常往来宫中通外廷消息，因而恃内援而"气焰益张"，有时还"私传隆裕言语以挟制监国也"。②载沣视载泽为亲信，令其掌管度支部，掌握财政大权。载泽眼看奕劻揽权纳贿危及清王朝统治，可又扳不倒他，这使他常常忿忿不平，又因载沣对奕劻的态度，使载泽在和奕劻的明争暗斗中，总是失败。为此载泽对载沣大嚷："老大哥这是为你打算，再不听我老大哥的，老庆就把大清断送啦！""载泽的失败，往往就是载沣的失败，奕劻的胜利，则意味着洹上垂钓的袁世凯的胜利。摄政王明白这个道理，也未尝不想加以抵制，可是他毫无办法。"③

事实上，奕劻与载泽等人相比，无论是其背后的政治力量，还是资望与手腕，均占有明显的优势。他因长期主持中央政府的行政工作，各省疆吏，多为其一手安插；加上因办理外交与列强有几十年的私人交情，要想撼动他，谈何容易！

尽管亲贵中与奕劻斗得最凶的要数载泽一伙，但就宣统年间亲贵内争的历史来看，主要则分为载沣与奕劻两派，载泽等实际上也属于载沣一派范围内。而就清廷内部载沣一派与奕劻一派的权力关系对比来看，虽然双方在人数上多寡不同，权位上各有所长，在总体上是势均力敌，难分高下。甚至在实际力量上奕劻派可能更略胜一筹。奕劻

---

① 爱新觉罗·溥仪：《我的前半生》，群众出版社1964年版，第24页。
② 胡思敬：《国闻备乘》卷2，《近代稗海》第1辑，四川人民出版社1985年版，第246页。
③ 爱新觉罗·溥仪：《我的前半生》，群众出版社1964年版，第24、25页。

身历道光、咸丰、同治、光绪、宣统五朝,在朝廷为官也已有四朝,可谓是数朝老臣。光绪二十九年(1903年)以来,他又长期把持中枢要地军机处,疆吏任命多经其手,在朝中势力盘根错节。这是载沣等少壮亲贵无法比拟的。其时,在清政府中,多数王大臣是依附奕劻的。正如《申报》所言:"自国会年限实行缩短后,政府诸公方针亦均随之而变,与从前迥异。约言之可分三派:庆邸、那相为一派,仍持专制大权不肯轻放,处处以牵掣资政院及宪法大臣为能事,一言以蔽之,则以国会为不然而已;朗贝勒与宪法大臣伦贝子、泽公为一派,尚知注重民气,颇有急进之概,惟事事与庆邸不合,难免为其压抑,故屡次会议,均至冲突;徐协揆系自为一派,其权势与前两派均属不敌,亦均不敢有所得罪,惟遇事调停两间,敷衍而已。其余各部行政王大臣,亦互相分立于两派,然仍以依附庆邸一派者为多。"[1]其实,徐世昌一派何尝不是与奕劻处于同一阵线,属于一丘之貉的呢?

更重要的是,奕劻在国事问题上的老成持重与载泽、毓朗等人的少年急躁冒进适成鲜明对比。"前攻击奕劻者,见善者、载泽、载洵、溥伦诸王贝勒迭出,转以恕词加之,盖以其受贿尚循资格,更变多持重,不敢生事也。"[2]

某位看透了当时局势的朝中权贵就曾这样言道:"举国无知天下大计之人,其稍通治理者,只庆、那两军机耳;而监国不察,竟偏听涛、朗、洵三少年躁进之言,诚所不解。"[3]

终宣统一朝,监国摄政王载沣尽管有意偏向载泽、载涛、毓朗等少壮亲贵,但他们并不能动摇奕劻的地位;甚至为了自己的权位与清王朝统治的稳固,载沣还不得不借重与依靠奕劻。

①《行政大臣各分党派之暗潮》,《申报》1910年11月26日,第1张第4版。
② 胡思敬:《国闻备乘》卷4,《近代稗海》第1辑,四川人民出版社1985年版,第293—294页。
③《安有权贵而不反对国会者》,《申报》1910年11月21日,第1张第4版。

载沣亦深知,奕劻不是轻易能够扳倒的。

原因很简单:

一方面,光绪末年,奕劻与袁世凯结党,权倾朝野,曾经使慈禧太后颇感为难。连慈禧太后"对于奕劻是又担心又依赖,所以既动不得他,并且还要笼络他"。"西太后既扳不倒奕劻,摄政王又怎能扳得倒他?"①

另一方面,因为隆裕太后的原因,载沣不但不敢冷落奕劻,反而还得用他来对付隆裕太后。皇族亲贵中,隆裕太后一党是令载沣最伤脑筋的一股势力。溥仪继位后,隆裕被尊为皇太后,并在国家遇有重大事件时,有参预军政事务的权力。隆裕太后在慈禧太后死后,有垂帘听政的意图。皇族亲贵、清朝遗老对这件事说法不一。有人说:"隆裕初无他志,唯得及时行乐而已。"②有人说:"光绪故后,隆裕一心想仿效慈禧'垂帘听政'。迨奕劻传慈禧遗命立溥仪为帝,载沣为监国摄政王之旨既出,则隆裕想借以取得政权的美梦,顿成泡影,心中不快,以至迁怒于载沣。因此后来常因事与之发生龃龉。"③不管上述说法是否可靠,但宣统朝伊始,隆裕太后和摄政王载沣,各遵慈禧太后懿旨,各司其事,这种相安无事的局面不可能维持长久。这不但因为溥仪继位后的权力分配过程中,隆裕太后对于监国摄政王的权力过大很不放心,而且满洲贵族、皇族亲贵中在隆裕太后面前中伤、攻击载沣的人也为数不少。至外间一度哄传"满洲八大臣联名请隆裕垂帘,如孝钦故事",虽然没有成为事实,想来也并非空穴来风,故而使"监国大惧",以致载沣后来"无日不惴惴"。④

---

① 爱新觉罗·溥仪:《我的前半生》,群众出版社1964年版,第19、24页。

② 胡思敬:《国闻备乘》卷4,《近代稗海》第1辑,四川人民出版社1985年版,第293页。

③ 载润:《隆裕与载沣之矛盾》,中国人民政治协商会议全国委员会文史资料研究委员会编:《晚清宫廷生活见闻》,文史资料出版社1982年版,第76页。

④ 胡思敬:《国闻备乘》卷4,《近代稗海》第1辑,四川人民出版社1985年版,第293页。

　　载沣监国摄政后，隆裕太后每多掣肘。载沣虽不满奕劻招权纳贿，但又不得不倚之以防隆裕，因而对奕劻倍加优礼。"载沣生性懦弱，在政治上并无识见。其在监国摄政期间，里边常有隆裕掣肘，外边又受奕劻、那桐等人挟制，他的地位虽为监国摄政王，然并没有任何作为的余地。""至于当时用人行政之实权，也等于完全操在奕劻、那桐之手；他个人并无一定的见解和主张。"①载沣名为监国摄政王，实在不过一个傀儡而已。至于载泽、毓朗、载洵、载涛等一班少壮亲贵，也并不完全与载沣齐心协力，而是各怀鬼胎，各有争权夺利的野心。"摄政王处于各伙人勾心斗角之间，一会儿听这边的话，一会儿又信另一边的主意，一会对两边全说'好，好'，过一会又全办不了。弄得各伙人都不满意他。"②可见，载沣监国摄政期间境况颇为艰难，与其说是载沣集权，不如说是奕劻擅权自为，变本加厉。这一点直接影响了宣统政局的演变态势与清王朝统治的最终结局。③

　　可见，奕劻在载沣监国摄政以后，权力并未曾稍减，相反倒因为没有了慈禧太后的压制变得更加游刃有余。《时报》说："自监国摄政以来，外人颇疑庆邸势力失败，不免无怏怏之意。实则邸居枢廷既久，宫中又极有威望，监国尤极隆重之。故用舍黜陟一切大政，仍惟邸意是决。外间疑邸有乞退之意，本报早辟其非。近有见邸者，谓邸丰采焕发，精神四映，亦足见邸之并无不乐矣。特邸自以过蒙礼重，而外间又时有求全之意，故时不入值，较之慈禧临御之日多所谦让。故日本报谓，邸近日势力之在地方者，大于其在中央，意谓中央大官不必尽由邸意所出，而地方诸督抚及方面大员，则多出邸指也。其言近之。然无

　　① 载润：《隆裕与载沣之矛盾》，中国人民政治协商会议全国委员会文史资料研究委员会编：《晚清宫廷生活见闻》，文史资料出版社1982年版，第77页。
　　② 爱新觉罗·溥仪：《我的前半生》，群众出版社1964年版，第24页。
　　③ 参见李细珠：《论清末预备立宪时期的责任内阁制》，《明清论丛》第8辑，紫禁城出版社2008年版，第26页。

论如何,大事必仍就决,一切摇动云云,都不足信也。"①《申报》亦云:"近来各项要政,监国仍多商诸庆邸始决,惟于用人一端,不能如前之全权在握。现庆邸虽不时有乞退之言,监国必再三挽留。"②

宣统二年(1910年)九月,资政院在京正式开院。

这对中国政治由传统到现代的转变过程而言,无疑是一个十分重要的事件。

然而,对于当初积极主张成立资政院的奕劻来说,却不是一件什么好事。因为开院伊始,民选议员即仿效西方议院的做法,借政府的种种不法行径为口实,加以弹劾,一致要求军机处负起责任。这在过去的中国历史上,是根本不可能发生的事情。查资政院三个多月的院会,议员们几乎全以责任内阁案为议题展开讨论,且两度提出对军机大臣的弹劾案,场面热烈而激动,矛头直指军机处,几乎酿成大的风潮。

奕劻当初之所以主张设立资政院,其基本目的是想借此牢笼立宪派,将该院置于一个咨询机构的地位,决没有使他们与政府对抗之意。因为资政院院章第十五条规定:"议案应由军机大臣或各部行政大臣先期拟定具奏请旨,于开院后交议",由是议案之提出,全以君主命令行之,可见资政院在清政府的眼中仅仅是一个咨询的机关。又院章第十八条规定:"资政院于军机大臣或各部行政大臣咨送核议事件,若仍执前议,应由资政院总裁、副总裁及军机大臣或各部行政大臣分别具奏,各陈所见,恭候圣裁。"如资政院有异议而朝廷不以为然,朝廷可引用第五十六条"有轻蔑朝廷情形,而谕令解散"之文进行办理。

按照清政府的设计,资政院议员定额为200名,钦选、民选各占半数。所谓钦选即皇帝指派,也可以说是贵族议员。其中包括宗室王公

①《北京政界之预测》,《时报》1910年10月24日,第2版。
②《庆邸仍有内阁总理之望》,《申报》1910年11月13日,第1张第4版。

世爵14人、外藩王公世爵14人、满汉世爵12人、宗室觉罗6人、各部院衙门官32人、硕学通儒10人、多额纳税议员10人，共计98人。所谓民选，实为从各省谘议局议员中选拔而来的"平民"议员，也是98人。钦选与民选议员数相等，本有持平之意，但总裁、副总裁（正副议长）亦为钦派，显然钦选议员有左右多数之势，其议论应该以政府的利益为重。①

但是，一旦开了民意之源头，形势的发展就不会再按照统治者所画定的专制的老路数走下去。

历史的事实告诉我们，九月初一日（10月3日）资政院开院以后，场面立刻为民选议员所控制。开院当天，请愿联合会来院呈递国会请愿书，有议员动议支持，获大多数赞同。议员们在三呼国会万岁之后，上奏陈请即行召开国会。当时的气氛，钦选民选不分，一致表示了他们的意愿。

在这种情况下，急于维权的民选议员们将矛头对准以奕劻为首的军机处，发起猛烈的攻击。

弹劾军机案起于湖南谘议局与巡抚杨文鼎之争。宣统二年（1910年），湖南举办地方公债，巡抚杨文鼎未经交谘议局议决，即用行政命令开始发行。议长谭延闿愤其漠视谘议局权限，将该案提请资政院核议。资政院以巡抚杨文鼎不法，将此事据实奏上。岂料清廷的答复，谓该抚未交局议，系属"疏漏"，公债事既经部议奉旨允准，仍当照旧办理。资政院议员以地方官侵权违法，不加处分，而仅以"疏漏"二字了之，显然是军机大臣辅弼敷衍，对国事不负责任的表示。因提出要求军机大臣到院答复质询。军机大臣置之不理。资政院改以咨文质问军机对内政、外交是否完全负责。军机大臣回答说："此

---

① 张朋园：《立宪派与辛亥革命》，吉林出版集团有限责任公司2007年版，第68页。

种问题，须俟内阁成立以后方可解决，现在难以答复。"①适云贵总督指令盐斤加价，云南谘议局以未经局议，亦请资政院核办，院议以为盐斤加价如为地方行政，应俟中央法令；如为中央行政，应交局议决，具奏请旨。当时，广西谘议局因高等巡警学堂限制外省籍学生案，与督抚发生异议，也由资政院核办请旨。当时，军机大臣拟旨时公然蔑视资政院院章，谕旨中竟有"交盐政处与民政部查核"字样，隐然视资政院为盐政处和民政部之下级官厅，全院议员为之哗然，一致斥责其蹂躏资政院院章，违法侵权，决议弹劾军机。由此引发了资政院与军机处冲突之导火线。

弹章未上，以奕劻为首的军机大臣们已经风闻，他们自知理屈，立即以朝旨名义同意资政院原奏，表示出妥协之意。然而一般民选议员以军机大臣反复而不负责任，决定弹劾案仍不取消，并决定进一步决议，在国会未开之前，军机处必须对资政院负责。由是，资政院与军机处之势同水火，到此已不能避免。

资政院将弹劾奏折呈进，弹劾奕劻等人"责任不明，难资辅弼"，要求朝廷惩办军机大臣。奕劻见状，以退为进，请求"开差"。结果，朝廷批示："设官制禄位及黜陟百司之权，为朝廷大权，载在先朝钦定宪法大纲。是军机大臣负责任与不负责任，暨设立责任内阁事宜，朝廷自有权衡，非该院总裁等所得擅预。所请着毋庸议。"②

资政院弹劾军机处的事件表明，中国政治有着自己的特色。借鉴与学习西方近代宪政没有错，但不可盲目全盘西化，必须与中国当时的具体国情结合起来。今天，当我们头脑冷静下来后，可以看到，清末立宪派未必如学界惯常肯定的那样，他们实际上也并非真正懂得西方近代民主宪政的政治制度。很多人亦未必真正是为了国家与民族的

---

① 《资政院奏参军机大臣责任不明难资辅弼折》，《国风报》第 1 年 32 号，第 90 页。
② 爱新觉罗·载沣：《醇亲王载沣日记》，群众出版社 2014 年版，第 377、378 页。

利益,他们利用西方民主宪政作为斗争的武器,更多的还是想在清末改革过程中为自己的切身利益争取到一席之地。立宪派的起哄与瞎折腾,也同样是导致清王朝迅速灭亡的重要原因之一。资政院弹劾军机大臣案,或许能给我们一些更深刻的启示。

内阁总理

一位外国学者在考察中国清末政情后曾经这样写道:清王朝"统治的最后三年,人们看到了一个无能的政权在绝望地力图阻止历史的潮流。外国的侵凌加上日益加剧的内部问题,带来了帝制的末日。列强勒索经济方面的利益,和清政府与外国商借外债,成为各省日趋强烈的反清势力的一个理由和借口。各省谘议局的成立只有使骚动更形加剧。处于少数的满人,在种族对立中陷于孤立。反对派看到政府方面的弱点之后,更加嚣张地提出批评和要求。"①

确实,进入宣统朝,摄政王载沣"用人行政,多拂舆情",特别是因为罢黜袁世凯、明目张胆集权一帮少壮亲贵的做法,直接引发政坛地震,大大激化了高层统治集团内部的矛盾。到了宣统三年(1911年),大清王朝的各种矛盾经过丛生、积累、交织,已经发展到了一个新高潮,尤其是责任内阁与国会问题业已成为此刻政治的焦点,各派政治势力无不注目于此。帝国政府正处在一个前所未有的火山口上。

为应对内外危机,四月初十日(5月8日),清廷发布上谕:"上年降旨饬将官制厘订,提前颁布试办,并即组织内阁。旋经宪政编查馆奏拟修正筹备事宜清单,经朕定为宣统三年颁布内阁官制,设立内阁,所以统一政治,确定方针,用符立宪政体。"又谕:"本日业经降旨设

---

① [美]拉尔夫·尔·鲍威尔著,陈泽宪、陈霞飞译:《1895—1912年中国军事力量的兴起》,《中华民国史资料丛稿》,译稿,第1辑,中华书局1978年版,第169页。

立内阁,所有旧设之内阁、军机处、会议政务处,着即一并裁撤。"①同时公布新订内阁章程清单,任命庆亲王奕劻为内阁总理大臣,由他筹组新内阁,希望奕劻能为清王朝渡过统治危机找到一条出路。

可是,环顾四周,奕劻却发现他的内阁所面临的形势十分严峻:"近数年以来,辽沈则疮痍未复,江皖则饥馑荐臻,萍醴之乱甫平,黔桂之匪又起。江南、浙江之帮枭,山东、广东之盗贼,随时而起,绵延不断。甚至上海之租界,白昼拦劫;辽东之马贼,绑票时闻。饿殍载途,民不聊生。"②清王朝统治的合法性正在受到各方面反对力量前所未有的挑战。

问题集中表现在:

1. 统治的"合法性"受到前所未有的挑战。各种矛盾冲突、交织,清政府的权威资源在冲突中消耗殆尽。一方面是现代物质文明与日益加快的经济社会近代化进程,已经渗透到社会生活的各个领域,强烈冲击着人们的传统思想观念;另一方面却是制度层面的传统政治结构基本上原封不动地存在于现实生活之中。这种令人沮丧的政治现实,与人们心目中受西方模式影响的政治理想模式,形成了强烈的反差。随着新政的不断深入,这种心理反差越来越强烈。民众与知识分子自下而上的政治参与力急剧膨胀并超越了现存专制政治体制的承受限度,从而形成了对现存中央专制体制的巨大冲击力。不仅如此,随着现代文明的广泛渗透与人们的国家、民族意识的逐渐觉醒,社会各阶层普遍产生了对现实的不满和改革的要求,变革的期望值在不断升高。就激进派而言,在19世纪末,其目标尚不是十分明确,所采取的行动亦很有限。孙中山的兴中会,虽然在内部使用的入会誓词里,写进了"驱除鞑虏,恢复中华,创立合众政府"的字句,但在对外使

---

① 《光绪宣统两朝上谕档》第 37 册,广西师范大学出版社 1996 年版,第 330、88、89 页。
② 《汪康年文集》(上册),浙江古籍出版社 2011 年版,第 95 页。

用的章程中,则未敢明确提出武装反清的口号,只是含糊地宣称"是会之设,专为振兴中华,维持国体起见"。兴中会成立的当年,孙中山曾作过武装反清的试探,但起义没有发动就失败了。进入20世纪后,国内形势大变,孙中山敏锐地感到武装反清的大好时机已经到来,因此,他充满信心地向全世界宣布:"全国革命的时机,现已成熟",强调"中国现今正处在一次伟大的民族运动的前夕,只要星星之火就能在政治上造成燎原之势"。①随后,孙中山组织成立了中国同盟会。在中国同盟会章程里明确宣布该会以"驱除鞑虏、恢复中华、创立民国、平均地权"为宗旨。接着,他又制订了《革命方略》,作为各地举行起义的指导性文件。革命派的反清起义,从此在珠江、长江流域轰轰烈烈地展开,对清王朝统治造成了很大的危机。就稳健派而言,随着时局的急剧变化和国内各阶层立宪要求的日益高涨,立宪派也改变了原来的缓进策略,接连发动了三次轰轰烈烈的国会请愿运动,请愿的规模一场比一场大,要求一次比一次急切。在清末政治动员的浪潮中,人们政治改革的期望值迅速上升,越来越多的稳健派转向非常规变革方式。清廷长期以来的集权化步骤,与近期出现的民众政治期望值之间的严重冲突,已经使清王朝的统治存在随时倾覆的危险。

2.清末十年间,上层统治阶层内部出现新老交替的断层,严重地影响到了清政权的运作效能。

传统政治中心的权威资源与治理能力由于某种原因而急剧流失,使中央政权迅速丧失了对时局和社会的控制能力。这种政治断层现象早在庚子事变以后不久就开始出现。李鸿章死于光绪二十七年(1901年),刘坤一死于光绪二十八年(1902年),荣禄死于光绪二十九年(1903年),王文韶死于光绪三十四年(1908年),影响最大

---

① 《中国问题的真解决》,《孙中山全集》第1卷,中华书局1981年版,第254—255页。

的是光绪皇帝与慈禧太后的先后病殁。光绪三十四年十月二十一日（1908年11月14日），37岁的光绪皇帝久病之后，在孤寂中含恨死于瀛台。第二天，慈禧太后在过了她的74岁生日之后的第十三天，也随之离世。慈禧太后之死，意味着这位女强人长达半个世纪的专制时代已经结束，标志着清政府权力真空的形成。当时的外国观察家就认识到："光绪皇帝和掌握大权的慈禧太后的突然逝世有加速人们久已期待的内部崩溃的危险。""国内各方的力量正在集结；不断发生对清政府的攻击，可能会推翻帝国，使它分崩离析。一般人认为执政太后的去世意味着失去自太平天国运动以来维持这个解体国家的一个强手。国内外敌视强大中央集权现代政府的力量正打算利用年轻而没有经验的新摄政王代替他的幼子——中国新登极的天子来行使职权。他们这样做也帮助煽起那一场巨火，它的烈焰正在步步摧毁过去几个世纪以来由满、汉、蒙古统治者辛苦经营，但是现在正在塌下来的巨厦。"①继光绪皇帝和慈禧太后的先后去世，当时在朝残存的尚能起到一定缓冲作用的汉族大员张之洞死于宣统元年（1909年），孙家鼐、鹿传霖、戴鸿慈这样一些稍有经验的慈禧旧臣也在短时期内相继去世。尤其是载沣当政不到两个月，就罢黜了权臣袁世凯，破坏了慈禧太后生前安排下来的新一轮高层满汉联盟体系，这在当时国内外政坛均引起了极大的轰动。李鸿章、刘坤一、张之洞等人都是在同治中兴时代就进入统治集团上层的颇具时望的汉臣，他们在为清王朝效忠的数十年中，积聚了雄厚的政治资源。他们对清王朝的价值在于：一方面，他们深得最高统治者慈禧太后的充分信任，忠心耿耿，久经历练，与满洲统治者阶层建立了相当牢固的政治合作关系；另一方面，他们又在汉族士绅中享有很高的威望，由于他们的存在，使这个以满洲为

---

① ［美］李约翰著，孙瑞芹、陈泽宪译：《清帝逊位与列强》，江苏教育出版社2006年版，第12页。

统治民族的王朝至少在汉族地主士绅阶级中尚享有相当的权威合法性。另外，像荣禄这样有才气、富有经验的满洲官僚，长期以来与汉族士绅上层也建立了相当密切的合作关系，他们与刘、李、张一样是维系汉族士绅与满洲统治者之间联盟关系的重要纽带。随着同治时期建立起来的较为牢固的满汉联盟中一批老一代官僚的相继谢世和罢黜，调和满汉之间矛盾的人物就越来越少。这批人物离开政治舞台以后，清王朝的统治阶层中失去了可以对各种政治势力进行平衡，并可以在日益尖锐的满汉矛盾方面起缓冲作用的中流砥柱。

3. 排满主义已经形成一股巨大的政治急流，成为瓦解清政府统治权威的巨大力量。

对于清王朝而言，它在权威合法性方面还面临着其他民族所没有的特殊问题，那就是统治民族与被统治民族彼此的异质性问题。清王朝是由满洲民族建立起来的一代专制王朝，作为被统治民族的汉族对这一异族王朝具有很深的潜在的不信任感。"扬州十日"、"嘉定三屠"惨剧的阴影，一直深深地埋藏在被统治的汉族士民的心灵深处，使清王朝在受治者心目中的合法性，远比同族王朝的合法性更为脆弱。这也就是说，当政通人和、天下太平时，政府还可以维持下去，但当统治民族在应付外力压迫方面出现过失并由此引起国家危机时，异族统治者所犯的错误与失败，就很难为被统治民族所容忍和"谅解"。庚子事变之后，清政权被革命派称之为"洋人的朝廷"，这一判断显然不尽合乎历史事实，但却在青年一代的政治精英中有着广泛支持者。以"革命排满"来追求国家富强目标的政治思潮，构成不断冲击政治中心的巨大压力。在中国，在不断经历西方挑战，民族主义的向心力没有凝聚起来以前，排满主义已经成长为瓦解政府权威的巨大力量。

4. 更要命的是，奕劻组阁前后不但面临着诸多外部压力，皇族亲贵内部激烈的权争、监国摄政王的掣肘,亦皆成为奕劻无力亦无心承责的一个重要因素。

摄政王载沣之所以要在辛亥年成立责任内阁,其目的就是为了平抚立宪派、地方督抚以及其他官僚利益集团对他的不满与离心,并企图以此转移民众视线,以达到消弭革命与内乱的目的。

但是,载沣在依赖与借重奕劻的同时,对奕劻又极不放心,便利用奕劻的政敌毓朗、荫昌、载涛、载泽等人来牵制奕劻,所采取的策略是既用又防。

早在宣统元年六月初七日(1909年7月23日),载沣就接受载涛、载洵等人的意见,开去奕劻"管理陆军部事务","寻又谕开去奕劻管理陆军贵胄学堂之差,派贝勒载润会同陆军部管理陆军贵胄学堂事务"。①

宣统三年四月初十日(1911年5月8日),载沣又接受毓朗、荫昌、载涛、载洵等人的"内阁总理不应操军政权,免致分歧掣肘",②"中国现值整顿全国陆海军备之时,总理大臣须具有军事上知识,方可负完全责任"的意见,在内阁制发表的时候,清楚规定了新的责任内阁不得过问军国大事,凡关于军事问题,"军谘大臣应负完全责任","新内阁可不负责任"。③责任内阁制的《内阁官制》第十四条规定:"关系军机军令事件,除特旨交阁议外,由陆军大臣、海军大臣自行具奏,承旨办理后,报告于内阁总理大臣。"④《内阁办事暂行章程》第七条规定:"按照内阁官制第十四条,由陆军大臣、海军大臣自行具奏事件,应由该衙门自行具折呈递,毋庸送交内阁。"《内阁办事暂行章程》第

---

① 戴逸、李文海主编:《清通鉴》卷266,第20册,山西人民出版社2000年版,总第9004页。
②《专电》,《申报》1911年5月8日,第1张第3版。
③《新内阁不负军事上之责任》,《盛京时报》1911年5月18日,第2版。
④《内阁官制清单》,故宫博物院明清档案部编:《清末筹备立宪档案史料》(上册),中华书局1979年版,第562页。

八条规定："内外行政各衙门，应奏不应奏事件，除陆军部、海军部外，由内阁总理大臣、协理大臣会同各部大臣另拟章程，奏请圣裁。"①明显将奕劻排除在军国大事之外。不仅如此，在责任内阁设立的当日，载沣又宣布将军谘处升格为军谘府，②任命载涛和毓朗为军谘大臣，③将军谘府与责任内阁处于对等的地位。

在限制奕劻军政权力的同时，载沣还通过度支大臣载泽、农工商部大臣溥伦在财政上制约奕劻。"军谘府独立一切，军事由军谘府承旨。而泽公主持财政又非常认真，虽对于内阁，毫无通融。军权、财权系为人所把持。"④

载沣的上述做法使得清政府最高权力结构从本应由内阁执政却变成了"（一）内阁、（二）军谘府、（三）度支部"⑤三头政治的权力格局，这就使奕劻内阁的责任体制遭到了极大的破坏，内阁总理大臣无法真正担当起国务责任。在原来军机处的体制下，一切军政、财政大事，奕劻皆有资格参与，而在所谓责任内阁的体制下，奕劻反而不能过问军政、财政问题，这不能不让奕劻大为恼火。奕劻"以为阁制内所规定者责重而权微，加以内阁而外他种机关亦有上奏之权，其势必致政令纷歧，欲谋统一甚属不易"。⑥他为此曾在那桐、徐世昌面前大发牢骚："某某两亲贵，一则牵掣军权，一则把持财政，均于暗中极力挤排，本邸有名无实，将何以担负责任？"⑦

在上述情况下，无可奈何的奕劻便借宣布内阁政纲之事有意为难

---

①《内阁办事暂行章程》，故宫博物院明清档案部编：《清末筹备立宪档案史料》（上册），中华书局1979年版，第564页。

②《设立军谘府谕》，故宫博物院明清档案部编：《清末筹备立宪档案史料》（上册），中华书局1979年版，第571页。

③《光绪宣统两朝上谕档》第37册，广西师范大学出版社1996年版，第91页。

④《内阁以为可稳固矣》，《盛京时报》1911年7月20日，第2版。

⑤《新内阁史·调停内部之暗斗》，《时报》1911年5月18日，第2版。

⑥《组织新内阁种种》，《申报》1911年5月22日，第1张第5版。

⑦《庆邸决拟辞退之心理》，《盛京时报》1911年6月18日，第2版。

了一下载涛、毓朗、载洵以及载泽与溥伦等一帮少壮亲贵,以发泄他心中的愤懑之情。奕劻先是在四国银行团第二期应交借款前,迟迟拖延不宣布政纲,以致等不及的银行团代表遂向载泽发难:"中国对于币制一事,现在茫无把握,且与原订合同有不符之处,且此次借款,重在振兴实业、整理财政,何以借款成立后尚无一定着手办法?外国资本家因此颇怀疑虑,不愿投资。"①逼得载泽不得不通过盛宣怀从中调停而向奕劻低头。六月十五日(7月10日),在政纲宣布至"振兴实业"时,奕劻又突然停下来向溥伦发难:"贵大臣对于振兴实业之意见,究以何者为先?抑皆所注重?"溥伦措手不及,随口答道:"据本大臣意见,似以开矿为当务之急。"奕劻反问:"中国民生凋敝已极,农工商三者自难偏重,然中国为农产国,则改良农务似尤当注意。未审贵大臣以为如何?"溥伦经此诘问,一时竟然答不上来。②一般而言,既是内阁政纲,就应该是代表了所有阁臣的意见,奕劻于宣布政纲时在溥伦毫无准备的情况下有意这样诘问,显然不仅是为了泄愤,更是想向外界吐露一个信息,即因为内部掣肘问题,他不能真正承担起他应该担负的责任。同样,因为不能过问军国大事,奕劻干脆在宣布政纲时无一语道及陆海军问题,这让载涛、毓朗备受打击。当二人事后前去询问时,奕劻毫不客气地回答:"吾国内阁总理与各国情形不同,今海陆军政既有军谘府主持,自无庸内阁参预。"③载涛、毓朗受此抢白,回去后便与陆海军二大臣联合,提出对内阁的质问案,"以总理大臣绝不担负军事责任,则将来贻误必多,先提出质问内阁各议案,再详订内阁与军谘府之权责"。④一时闹得沸沸扬扬。

不仅朝内有载沣与诸亲贵的掣肘,奕劻内阁一出台,也立刻遭到

①《内阁宣布政纲之真相》,《盛京时报》1911年7月20日,第2版。
②《庆内阁发表政纲之余闻》,《盛京时报》1911年7月30日,第2版。
③《内阁政纲不及军事之原因》,《盛京时报》1911年7月18日,第2版。
④《军谘府将质问内阁之条件》,《盛京时报》1911年7月20日,第2版。

立宪派集团与地方督抚的极力反对。内阁成员"共计十七人,而满人居其十二。满人中,宗室居其八,而亲贵竟居其七……宗室中,王、贝勒、贝子、公,又居六七"。①人们普遍认为,这是一个以皇族为中心组成的内阁,完全违背了西方宪法中不准皇族充当国务大臣的立宪原则,讥讽它为"皇族内阁"。"自初十上谕发表后,一般稍有知识者,无不绝望灰心于政府。"②"各省谘议局一致感到愤慨,希望削减庆亲王的罪恶实力。"③在愤怒之余,各省谘议局联合会连日召开秘密会议,以反对皇族内阁为宗旨,所谓"从根本上之解决,仍从内阁入手。于是有主张推翻内阁者,有主张只推翻庆邸一人者,意见分歧,莫衷一是,嗣仍以推翻庆邸一人付表决,多数赞成,遂通过"。④奕劻内阁出台不久,各省谘议局联合会即让都察院代递谘议局联合会呈请亲贵不宜充任内阁总理折,要求清政府"于皇族外,另简大臣充当组织内阁之总理"。⑤"专言皇族不得充任总理。"⑥锋芒直指内阁总理大臣奕劻。

奕劻在清廷危难之际受命组阁,不仅遭到立宪派方面的攻击,地方督抚也公开出来持反对的态度。七月十一日(9月3日),两广总督张鸣岐明确上奏清廷:"世界立宪诸国,其君主绝无责任,一切制诏皆待国务大臣之副署,然后始生效力。国务大臣组成内阁辅弼君主,执行国务,国事之修废,政策之得失,阁臣实尸其责,倘有失职,阁臣必引咎逊位,否则国会亦劾而去之,此所谓责任内阁也。我国颁定阁制,新内阁今已成立矣,然发政施令有不厌天下之望者,辄借制诏为护符,仍

---

① 史晓风整理:《恽毓鼎澄斋日记》,浙江古籍出版社2004年版,第532页。
②《新内阁史·发表后之舆论》,《时报》1911年5月18日,第2版。
③《代领事布朗致朱尔典爵士函》,胡滨译:《英国蓝皮书有关辛亥革命资料选译》(上册),中华书局1984年版,第10页。
④《联合会之风云梦》,《民立报》1911年5月22日,第2页。
⑤《东方杂志》第8卷第5号,中国大事记,第9页。
⑥《记事录·五月初二正式会第十二号》,《直省谘议局议员联合会第二届报告书》,京师北洋刷印局刷印本,第32页。

诿其责于皇上,阳袭责任内阁之名,阴背责任内阁之实,此臣惶惑不解者也。""亲贵不宜总理内阁也。立宪国之原则,皇族不掌政权,故世界立宪之国皆无皇族总理内阁之成例……皇族内阁与立宪政体其实必不能相容矣。我国新建内阁,而皇族实为总理,在朝廷以军机处旧人谙练朝政,仍而用之,未及另简,仅出一时之权宜,非可视为成制。"张鸣岐断然要求:"确定内阁之责任,不以政权私之懿亲之手。"①随后,"山东巡抚孙宝琦亦奏,宗支不宜预政"。②张鸣岐等所奏代表了地方督抚们的声音,是地方督抚与立宪派集团合流的标志。

奕劻组阁也引起了驻华列强的鄙视与不满。辛亥内阁成立的第三天,即宣统三年四月十二日(1911年5月10日),朱尔典在致格雷爵士的信中,报告了四月十日(5月8日)清廷发表的关于设立内阁总理大臣职务的上谕,指出:"上述谕旨预示皇族集团总揽朝政的局面不会有任何真正改观,这一点已被上谕命令庆亲王继续兼管外务部所证实。此外,现有的各部首脑们大抵都将在改称国务大臣的责任内阁中占得一席之地,而各部的机能却不会发生任何变化。""政府体制的以上变动,尽管有着冠冕堂皇的理论依据……总的讲,似乎并未使全国人民感到满意。在我看来,尤其是资政院的那批议员是不会有耐心继续留在由那些换了头衔的军机大臣们所把持的行政机构里,去年资政院开会期间,他们曾如此激烈地反对过这些当权人物。"③伦敦《泰晤士报》也评论说:"以庆亲王为总理大臣,此新内阁不过为旧日军机处之化名耳。彼辅弼摄政王者,咸注意于满汉界限,而欲使满人操政界之优权,此诚愚不可及之思想。"④东交民巷甚至出现了这样一种声

---

① 《粤督张敬陈管见折》,《申报》1911年10月23日、24日,第2张后幅第2版。

② 戴逸、李文海主编:《清通鉴》卷268,第20册,山西人民出版社2000年版,总第9074页。

③ 《英国外交部档案·朱尔典爵士致格雷爵士函》,章开沅、罗福惠、严昌洪主编:《辛亥革命史资料新编》第8卷,湖北人民出版社2006年版,第53页。

④ 《庆亲王历史》(译伦敦泰晤士报北京通信),《申报》1911年6月8日,第2张第2版。

音：“但愿庆亲王引退之后摄政王的工作会顺利一些,据信庆亲王在资政院下次开会之前会引退。”①

载沣的掣肘、亲贵的内耗、立宪派与督抚的反对、列强的态度,皆使得奕劻无法发号施令,无力施政,也无法安其位。6月上旬,当张謇北上京师见到奕劻时,觉得这位权贵老人已是极为可怜。当张謇历数完大清帝国眼下的危机时,这位总理大臣竟然“掩面大哭”。②不过,对于病入膏肓的清王朝而言,内阁总理大臣的掩面痛哭以及清廷实行的所有自救措施都已经来不及了。危乎其危的局势已经没有时间再让这帮亲贵们瞎折腾下去了。

确实,从主观态度上看,宣统年间,奕劻已不像光绪末年那样支持宪政革新。对于建立责任内阁与召开国会,他似乎也并不热心,甚至开始持消极的抵抗态度。

光绪三十二年(1906年)官制改革中,奕劻与袁世凯结盟,力图以建立责任内阁制来达到操纵政权的目的,但此举被慈禧太后所明察并被否定。进入宣统朝后,载沣又罢黜了奕劻强有力的帮手袁世凯。与袁世凯同时代的日本人佐藤铁治郎说：庆亲王奕劻“自回銮后得晤袁世凯,一见倾心,深相结纳,如胶似漆。遇事则袁谋于外,庆应于内”。③“摄政就职,庆邸威权大损,见项城屏逐,知将及己,遇事更行退缩。宣统年间,政局情形极其复杂。”“项城放归田里,庆邸有连带去职之象。”④丙午改制中责任内阁方案遭到流产及宣统初年强有力的支持者袁世凯被罢黜这两件事对奕劻打击很大,使他本就谨慎持重的性格中又增添了更加缩手缩脚的成分。更重要的是,长期在枢府任要职

---

① [澳]骆惠敏编,刘桂梁等译：《清末民初政情内幕》(上册),知识出版社1986年版,第740页。

② 张孝若：《辛亥革命前后》,中国近代史资料丛刊《辛亥革命》(八),上海人民出版社2000年版,第39页。

③ [日]佐藤铁治郎：《一个日本记者笔下的袁世凯》,天津古籍出版社2005年版,第185页。

④ 刘体智著：《异辞录》,中华书局1988年版,第221、222页。

的经历,使奕劻对载沣成立的以皇族为主体的责任内阁对朝廷的危害性及其暗淡前景看得一清二楚。因此,在宣统年间,对于立宪派发起的国会请愿运动与地方督抚积极倡导设立的责任内阁制度,奕劻持消极的态度。"监国连日办事后,在三所特召各大臣,会议组织新内阁之办法。闻各大老以事属创始,且吾国民气日就嚣张,责任不易担负,多互相推诿者。惟洵贝勒、伦贝子均极力主张从速组织,并沥陈近日资政院各议员纷纷质问,均因政府不负责任所致。乃某大老始终不赞一词,故此事卒未解决。"①无疑,该文中的"各大老"即是指奕劻、那桐、徐世昌等人。"某大老"是指奕劻本人。在一次政务会议上,"首由庆邸提议,谓:东三省如此危急,有何挽救之法? 朗贝勒主张速开国会,以救危局。庆邸谓:人民程度太浅,速开恐致召乱。贝勒云:国会不开,一切新政决办不下去。争论甚为激烈,幸徐军机从中调停,始不欢而罢。庆邸愤甚,次日召见遂有开缺之请。"②对于成立责任内阁,奕劻亦表现得不冷不热。"当庆邸会议国会问题时,曰:'看你大家的意思。'及定后提议新内阁时,提起总理大臣,庆曰:'我已老了,甚么新内阁? 甚么内阁总理大臣? 我不明白如何做得。'"③在这种情况下,对于内阁总理大臣一席,奕劻确实存矛盾之心态。

对于奕劻不愿意充任内阁总理大臣一事,英国外交部档案收录的《1910年11月中文报刊摘要》中有这样一条记载。该摘要说:"据目前从当地报刊上搜集到的情报,责任内阁将于明年年初(阴历)设立,载泽可能被提名为总理大臣,协理大臣则可能由毓(朗)亲王出任。据报道,庆亲王奕劻由于年事已高,谢绝出任内阁总理大臣职务。"④

①《组织内阁纂拟宪法谈》,《申报》1910年11月23日,第1张第4版。
②《庆邸乞退乃为争开国会耶》,《申报》1910年9月14日,第1张第4版。
③《庆邸之恶牢骚》,《民立报》1910年11月13日,第2页。
④《英国外交部档案·朱尔典爵士致格雷爵士函》,章开沅、罗福惠、严昌洪主编:《辛亥革命史资料新编》第8卷,湖北人民出版社2006年版,第49、35页。

如果说上述史料还不足以说明问题的话，同时期《时报》与《申报》中还有三条资料可资印证：

第一条资料是《时报》的载文："闻组织内阁一事，其一切组织之手续，尚是目前即办之事。惟总理大臣一席甚难推定，庆邸辞之甚力，其余最有资望者，惟朗贝勒及泽公二人，然亦皆不肯明言担任，故议商数日，毫无结果。"①

第二条资料是《申报》的载文："至总理一席，庆邸本有谢绝之说。目下廷臣拟推朗贝勒、伦贝子、泽公三人，再就三人中推定一人。但朗贝勒一味却辞，伦贝子近来因资政院故又为各枢臣所不喜，且将来又有贵族院议长之望，惟泽公既与各枢臣感情甚厚，且有自愿承认之意，故甚为有望。"②

第三条资料是《申报》的报道："国会已定于宣统五年召集，责任内阁制度宜即颁布，其最难解决者，惟总理大臣一席。庆邸不特不肯担任，即使担任，而外间反对者太多，将来断难运用灵活。闻监国曾属意于泽公，庆邸亦极力奏保，或者泽公借此脱离度支部之负累，愿以一身当此机关，亦未可知。"③

上述史料集中反映了奕劻不肯担任首任内阁总理大臣的原因与态度。"外间反对者太多，将来断难运用灵活"确实给奕劻组阁带来了麻烦，也给奕劻在猎取新的权力之路上布满了阴云。但这不是症结所在，实质上，三段材料中告诉了我们一个很重要的信息，这就是：载泽、毓朗不仅是内阁总理大臣一职的重要角逐者，更是奕劻内阁前行之路上无法逾越的障碍。

表面上看，奕劻不愿意担任内阁总理大臣是因为他对国会与责

---

①《国会缩期后之现状》，《时报》1910 年 11 月 16 日，第 2 版。
②《内阁总理无非亲贵》，《申报》1910 年 12 月 11 日，第 1 张第 4 版。
③《国会年限宣布后之筹备》，《申报》1910 年 11 月 15 日，第 1 张第 4 版。

任内阁制度的不热心,实际上其深层原因是他贪恋军机处的权力与地位,对未来的内阁信心不足。而所有这一切均来自他对局势发展的判断及对载沣、载泽等人弄权的厌恶。这个经历过咸丰、同治、光绪、宣统四朝历次重大政潮而不倒的"不倒翁",凭经验嗅出了皇族内阁出笼后的不祥气氛,知道新的内阁总理大臣一职注定是个烫手的山芋。

虽然消极对待,毕竟内阁一设,军机处必撤,在权力面前,奕劻是绝不会将之推给对手的,所以半推半就,宣统三年四月初十日(1911年5月8日)内阁成立时,奕劻便也走马上任。不过,出于留有退路的圆滑考虑,上任后,他便不断以难胜此重任为由屡屡请求辞职。愈到后来,随着局势的恶化,他愈是以辞职来卸责。

奕劻刚上任内阁总理大臣,即连续在四月十一日与十四日(5月9日与12日),两次以"速谤疾颠"与"诚不欲开皇族内阁之端"为由,[1]恳请收回成命,此为官样文章,不足深究。五月十三日与十四日(6月9日与10日),奕劻因外间舆论攻击第三次奏辞。"据内阁人士云,总理大臣庆邸昨十三、十四两日连在监国前,面奏恳辞阁差以终余年等情,均蒙监国慰留。复据内廷消息,十五日上午,监国又另起召见庆邸,一再温谕,饬仍恪遵前旨矣。"[2]十九日(6月15日),奕劻又"以病体日甚,恐贻误,且外间舆情亦不甚洽"为由,第四次请求辞职。"内阁属官制现已核定,总理大臣庆邸请退之念益坚,那、徐两协理均不赞成,曾于日前极力挽留。"[3]原来,"庆邸侦知联合会反对皇族内阁后,即谓盛宣怀曰:'我本不愿干此事,屡次恳辞,监国不允,今日被他们攻击,殊觉无谓,但当初大家劝我就任,岂不是侮弄我吗?'盛曰:'宪法大纲本言用人大权操之君主,难道他们一篇文章就许其有攻击之效力?'

---

①《东方杂志》第8卷第5号,中国大事记,第8页。
②《监国慰留庆邸之述闻》,《大公报》1911年6月14日,第1张。
③《庆邸决拟辞退之心理》,《大公报》1911年6月15日,第1张。

庆曰:'我不管那些事,具折辞职罢了。'……又闻,庆邸昨在内廷,语某大老曰:'联合会反对皇族内阁之意,深合吾意,吾国阁制既取法外洋,奈何于用人一事,独违立宪各国原则。余前此再三请退,未蒙允准。今该会既以此上达天听,余正可借此乞退,以终余年"。① 奕劻不愧为官场老手,这后两次辞职非其本意,躲避时论攻击锋芒才是他的真实目的。闰六月初九日(8月3日),奕劻继续以生病为由第五次提出辞职并请假休值。"探悉其原因,系为十一日度支大臣泽公纠参内务府一折,虽已奉懿旨分别议处,然监国欲乘此清理该府财政,厘订皇室经费,并改订内务府制度,又为新官制将次颁行。"② 八月初八日(9月29日),奕劻因川路事第六次呈辞。奕劻这次辞职,其目的不外是"一则欲卸川路以后之责任,一则欲示天下以处置川事之法非其本心而已"。③ 结果上谕回批:"庆亲王奕劻奏为职任重要,精力难胜,恳恩开去差缺一折。该亲王虽年逾七旬,精力尚健,值此时会艰难,百端待理,又当宪政进行之际,正赖老成硕望,翊赞新猷,该亲王夙著公忠,亦断不能忘怀时局也。所请开去内阁总理大臣、管理外务部差缺,着毋庸议。"④ 对此,奕劻并不领情。他对奉命前来劝说的那桐、徐世昌说:"余非不欲报国,实因病体难支,恐负委任。且立宪国内阁,必有操纵舆论之大力,方能为所欲为,今余不论何事,反为舆论所攻击,殊觉难堪。故余意已决,不日仍当再疏乞休"云云。⑤ 总的来看,奕劻辞职固然有其以退为进以及留有余地等策略考虑,但眼观局面难撑,受命于危难之际,身却处极尴尬之境地,既要受众亲贵的排挤,又要忍外间舆论的压力,加上年老力衰、济国能力又有限等等,这都是奕劻难以

①《庆内阁果将辞职耶》,《申报》1911 年 6 月 15 日,第 1 张第 4 版。
②《两次谕催庆总理销假》,《大公报》1911 年 8 月 10 日,第 1 张。
③《庆王辞职说》,《申报》1911 年 10 月 3 日,第 1 张第 2 版。
④《光绪宣统两朝上谕档》第 37 册,广西师范大学出版社 1996 年版,第 235 页。
⑤《庆邸自愧不能操纵舆论》,《申报》1911 年 10 月 7 日,第 1 张第 4 版。

有所作为的重要原因。但如应允奕劻辞职，焦头烂额的载沣又去哪里再能找一个像奕劻这样资历、阅历、经验，尤其是还与汉人官僚、地方督抚、绅士集团有着密切联系，对高层满汉关系能够起重要平衡维系作用的人选呢？

奕劻内阁成立以后，一直在内外交困中挣扎，在亲贵内斗中徘徊，从诞生到解散总共才半年时间，成了一个名副其实的过渡性内阁。在这六个月中，奕劻主要做了两件事情：第一，迫于载沣的压力，准给事中石长信奏议，签署了同意铁路干线归国有的政策性文件；第二，武昌事起后，力荐袁世凯出山。

宣统三年四月十一日（1911年5月9日），奕劻签署了同意邮传部大臣盛宣怀以给事中石长信的名义上奏的关于铁路干线归国有的政策性法令，就是这个法令，最终引发了湖北、湖南、广东、四川的保路风潮。"辛亥四川保路之争，为逊清政变渊源。"① "铁路干线收归国有，取消商办成案，发之者，御史石长信，主之者，邮传部大臣盛宣怀也。此为新内阁成立后之第一政策。"②铁路干线国有政策是载沣受载泽与盛宣怀推动的结果，奕劻内阁成立第二天就匆匆通过了这一引爆时局的政策，显然是载沣早就决定好的，奕劻一开始并不情愿签字，他甚至以辞职来卸责。"此次庆王辞职之故，实为川路之事与己不同意，既不同意而强使之为，内阁总理以同负责任，则其心有不甘而其辞职也。"③但作为总理大臣，奕劻内惧于载沣的皇令，外惧于列强的压力，虽然明知不妥但最后还是屈服，并抱着侥幸的心理，签署了这项引发时局地

① 彭芬：《辛亥逊清政变发源记》，中国近代史资料丛刊《辛亥革命》（四），上海人民出版社1957年版，第331页。

② 汉史氏：《铁路国有》，李广生主编：《时代笔录——辛亥革命亲历亲闻》，百花文艺出版社2012年版，第31页。

③《庆王辞职说》，《申报》1911年10月3日，第1张第2版。

震的铁路干线国有化文件。①显然,他也难以辞其咎。

朱尔典在致格雷函中说:"据我所知,各省对铁路政策问题意见歧异,朝廷官员亦是如此,这从他们的谈话中多少可以反映出来。外务部每次在答复我的询问时,一向强调他们决心维持原来的铁路政策,不作改变;然而,当四川铁路危机呈现时,传说总理大臣庆亲王并未充分支持政府的政策,他与美国公使的一次面谈,更给人加深这个印象。本月2日,邮传部李侍郎代表载泽亲王与盛宣怀(邮传部大臣)来看我。他告诉我说,载泽亲王与盛氏是目前铁路政策的主要负责人,而庆亲王因为嫉妒载泽亲王势力的增长,一开始便对这个政策抱勉强同意的态度,现在则与这些同僚越来越疏远……李侍郎要我去见庆亲王,并以强烈的言词劝告他不要采取那种可能暴露中国弱点而导致中国灭亡的政策路线。他向我建议说,应当表示要积极干涉,借此作威吓,才能使这位'糊涂'的老官僚有所醒悟。我表示不打算用威吓的方式,因为在目前处境中那显然亦无效。但我同意去见庆亲王,好让他对严重的局势有个印象。第二天,即本月3日,我去见庆亲王,出我意料地,门不必我敲便自开了,庆亲王宣称要不惜一切代价贯彻实行铁路国有政策,又说如果让各省自行其是,等于是丧失了皇帝的权威。"为了向列强表示他本人不反对铁路国有政策,在四川保路运动风潮已经掀起后,奕劻还一再表示清政府在这个问题上的立场不会变动。朱尔典在发给驻成都领事馆官员的电报中说:"在今天同庆

---

① 关于奕劻等签署同意盛宣怀关于铁路干线国有政策文件的证据可见:1. 中国第一历史档案馆编:《光绪宣统两朝上谕档》第37册,广西师范大学出版社1996年版,第92—93页。2. 那桐在宣统三年九月初五日日记中记载:"有上谕:'盛宣怀因川路事经资政院弹劾罢职,总、协理大臣率行署名,亦有不合,交该衙门议处。'"十七日的日记载:"前因盛宣怀事总理大臣等率行署名,交该衙门议,议以罚俸三个月公罪,奉旨:准其抵销。"〔见北京市档案馆编:《那桐日记》(下),新华出版社2006年版,第701、702页〕彭芬在《辛亥逊清政变发源记》一文中言"谕旨收川汉粤铁路为国有,内阁总协理未副署"〔中国近代史资料丛刊《辛亥革命》(四),上海人民出版社2000年版,第332页〕的记述有误。

亲王的会谈中,他通知我,四川总督已因其对待保路运动的态度而受到朝廷的申斥……政府……决不修正现有铁路政策。该亲王还说,对四川方面的任何让步,都将导致湖南和广东提出类似要求,这不光牵涉到废弃湖广铁路借款合同的问题,而且将冒全局崩溃的风险。"后在武昌事起盛宣怀受到资政院的弹劾时,朱尔典又对奕劻等人落井下石、转祸于人的做法嗤之以鼻:"签署弹劾谕文的庆亲王、那桐和徐世昌三人,曾在今年4月当着盛宣怀面前向外国使节郑重保证,盛氏乃王朝之重臣,负责解决铁路问题。而在今日,他们却毫不犹豫地公开弹劾盛氏,根本没有想到,盛氏的错误,乃是他过于积极地推行他们三人所拟定的政策的结果。"①奕劻的处世圆滑与无奈在川路事件中暴露无遗。

从某种意义上讲,奕劻内阁以签署铁路干线国有政策开始,又最终因为这一政策所引发的不可收拾的局面而结束。奕劻内阁与清廷在成立它时的愿望正好背道而驰,它非但没有能起到稳定局势的作用,反而因为"皇族"的性质与奕劻的消极对待使得局面变得更加不可收拾。"政府以海陆军政权及各部主要均任亲贵,非祖制也。复不更事,举措乖张,全国为之解体。"②立宪派集团、地方督抚及其他利益集团、下层民众相继因之与清朝最高统治者彻底反目,这是这帮皇族亲贵们所始料不及的。"而于内阁成立之第一日,即大施其雷霆万钧之威力,以压倒一切,而其最为舆论所骇怪者,则铁道国有之命令也……众怒不足畏,舆论不足恤,徇一二佞臣之请,以坐失全国之信用,自今以往,朝廷脱复有缓急,又谁肯起而相应者?"③如此说来,奕劻组阁与签

①《英国外交部档案·朱尔典爵士致格雷爵士函》,章开沅、罗福惠、严昌洪主编:《辛亥革命史资料新编》第8卷,湖北人民出版社2006年版,第55、47、110页。

② 张孝若:《辛亥革命前后》,中国近代史资料丛刊《辛亥革命》(八),上海人民出版社2000年版,第37页。

③《论今日朝政之颠倒》,《于右任辛亥文集》,复旦大学出版社1986年版,第173页。

署铁路干线国有令,倒也可以称得上是辛亥逊清的渊源了。

奕劻在内阁总理大臣任上所做的对政局影响最大的一件事情,就是在辛亥年极力举荐袁世凯出山,为清政府收拾时局。"庆于袁之再出也,颇致其力。"①

武昌事起后,最坐不住的就是奕劻了。作为清王朝最高行政负责人,他要比其他皇室亲贵更在意于清室的前途与安危,川路事件尚未平息,武昌兵变又起,这在奕劻看来,一切均是凶多吉少。奕劻曾亲对日本公使言:"此次内乱,出人意表,竟至危及国家安全,令人痛恨之极。本人日夜焦虑,废寝忘食,思欲匡救。然全国形势日非,刻刻告急,数日前几至京师治安亦难确保,因严令有关各员司极力防范,始得维持全今。但今后如何演变,未可预卜,实堪忧虑。"②奕劻深知,一个川路事件都能把政局搞得一团糟,武昌兵变定是更难收拾。遍观朝野,朝中诸亲贵几乎是惟知道攘权和内斗,载沣无主见,陆军部的荫昌、军谘府的载涛、毓朗对军事又皆是外行,与其坐等灭亡,还不如借重袁世凯的才略,或许能保大清江山于不倒。于是,为了王朝的自救,在促成袁世凯复出的过程中,庆亲王奕劻可谓是竭尽了全力。

宣统三年八月十九日(1911年10月10日),武昌新军起义发生。其后,南方各省相继响应,清王朝的统治处于土崩瓦解的状态。为了镇压起义,清政府"以惊人的速度作了一次徒然的努力"。③由陆军大臣荫昌亲自率领的第一军迅速南下,军谘使冯国璋率第二军为策应,海军统制萨镇冰督率巡洋、长江两舰队急赴武汉,企图"定乱"于俄顷之际。但是,革命之火如燎原之势迅速蔓延到其他省份,清军大有顾

① 金梁:《光宣小记·内阁官制》,《落日残照紫禁城》,四川人民出版社1999年版,第229页。

② 《日本外务省档案·伊集院驻清公使致内田外务大臣电》(第522号),邹念之编译:《日本外交文书选译——关于辛亥革命》,中国社会科学出版社1980年版,第65页。

③ [美]拉尔夫·尔·鲍威尔著,陈泽宪、陈霞飞译:《1895—1912年中国军事力量的兴起》,《中华民国史资料丛稿》,译稿,第1辑,中华书局1978年版,第185页。

此失彼、力不从心之感；尤为严峻的是,清廷苦心孤诣编练的新军一镇接着一镇地倒向革命。在已编练成军的 14 个镇、18 个混成协和尚未成协的 4 个标中,竟有 7 个镇、10 个混成协和 3 个标相继反正和解散、败散,[1]而清廷对北洋六镇又不能真正加以控制。正如荫昌所说："我一个人马也没有,让我到湖北去督师,我倒是去用拳打呀,还是用脚踢呀？"[2]堂堂的陆军大臣竟然抱怨一个人马也没有,岂非咄咄怪事哉？原来,北洋六镇的将领多是袁的心腹,袁世凯虽然去职,但其影响仍在,别人指挥不动。在这种情况下,奕劻极力举荐袁世凯,希望载沣能够从大局出发,重新起用这位军界大腕。

身为内阁总理大臣的奕劻十分清楚,南方各省宣布独立后,清王朝大势已去,但形势发展方向仍然很难预料。面对南北对峙的局面,自己才具有限,不可能收拾局面。此时的袁世凯重兵在握,他所一手培植和始终暗中控制的北洋军队是无人可以匹敌的,因为它本身就是清政府的依靠力量,而南方政权的军队则大多是临时组织而未受训练的新兵,战斗力不强。可以这样说,当时只有袁世凯具有翻手为云、覆手为雨的力量。因此,深感局势严重的奕劻希望清室把命运托付给老友袁世凯,希望依靠这位旧日盟友能把起义镇压下去,恢复昔日的秩序。

奕劻之所以极力举荐袁世凯出山,是因为他相信袁世凯之才具足可以像曾国藩那样帮助清王朝渡过生存的危机。

时人有言："其贻误时机最重者,千端万绪,括而言之,厥为庆王信袁过甚。初不知袁氏貌为忠谨,内怀诈谋。退隐彰德之时,即备篡

---

① 章开沅、林增平主编：《辛亥革命史》（下）,人民出版社 1981 年版,第 217 页。

② 冯耿光：《荫昌督师南下与南北议和》,《辛亥革命回忆录》第 6 册,中华书局 1963 年版,第 351 页。

夺之策。故变乱一起,袁氏野心勃然以逞矣。"①

确实,奕劻十分信任袁世凯。他之所以信任袁世凯,除了袁世凯拥有军事上的潜势力外,还有其他一些别的原因。

袁世凯在"前清北洋时代,威望隆然,海内之有新思想者,无不日以非常之事相期望"。②而在清末数年间,奕劻与袁世凯的合作可谓是十分默契,袁世凯因有奕劻做后盾,权势日增;奕劻因有袁世凯的支持,在朝中地位日固。对于袁世凯之才之能,奕劻较别人体会更深。

从深层原因上看,奕劻所以推动袁世凯出山,也有他想恢复昔日庆袁携手的阵势、以吐长期受亲贵少壮派集团挤排的怨恨的因素。

奕劻"自回銮后得晤袁世凯,一见倾心,深相结纳,如胶似漆。遇事则袁谋于外,庆应于内"。在清末新政中,他与袁世凯联袂,一内一外,在推动五大臣出国考察政治,致力宪政编查馆建设,设计丙午官制改革方案以及编练新军等方面愉快合作,"共达政治进行之目的"。③在这一过程中,庆、袁二人不仅私人感情加固,而且在政治上也达成了高度的共识。宣统初年,袁世凯虽被开缺回籍,但仍与奕劻保持着密切的联系。因此,借武昌兵变的机会,推动载沣与隆裕起用袁世凯,在奕劻看来,无论从公从私哪个角度,均能得到兼顾。

就袁世凯本人来说,他在时人心目中亦确实具有颇高的威望。他与列强驻华使节、立宪派人士、清朝众多文武官员都有着密切的联系,得到他们的信任与支持,可以说,声誉赫赫,人心相向。到辛亥革命前夕,袁世凯已隐然成为时局的政治重心,各派都在极力地争取。

宣统三年九月二十一日(1911年11月11日),日本驻奉天总领事

---

① 丁士源:《梅楞章京笔记》序一,《近代稗海》第1辑,四川人民出版社1985年版,第425页。

② 黄远庸:《远生遗著》卷1,上海商务印书馆1920年版,第1页。

③ 〔日〕佐藤铁治郎:《一个日本记者笔下的袁世凯》,天津古籍出版社2005年版,第185、186页。

小池致内田外务大臣电中说,梁启超言称:"本人深望袁世凯早日晋京,负起全责,行使总理大臣职权,届时本人亦当为时局效力。倘若袁世凯回避责任,不肯就职,或万一帝室蒙尘,则事态将至不可收拾,不禁颇为忧心。"①早在三月十三日(4月11日),张謇即亲至彰德访袁,并与袁世凯达成了合作共识。②武昌起义后,黎元洪曾致函袁世凯:"是则今日固有天与之机会,以假授于公也。公果能来归乎?与吾徒共扶大义,将见四百兆之人,皆皈心于公,将来民国总统选举时,第一任之中华共和大总统,公固不难从容猎取也。人世之荣名厚实,孰有更加于此者乎?"③黄兴致信袁世凯:"人才有高下之分,起义断无先后之别。明公之才能,高出兴等万万。以拿破仑、华盛顿之资格,出而建拿破仑、华盛顿之事功,直捣黄龙,灭此房而朝食,非但湘、鄂人民戴明公为拿破仑、华盛顿,即南北各省当亦无有不拱手听命者。苍生霖雨,群仰明公,千载一时,祈勿坐失。"④汪精卫对袁世凯言:"中国非共和不可,共和非公促成不可,且非公担任不可。"⑤九月初七日(10月28日),《民立报》以《敬告袁项城》为题发表短评说:"壬寅年间,有(淮南下士)曾劝公乘时起义,以建功名。公不能用,谨伴怒曰:'此狂生也,安知大计?'及乎解组归田,始悔不听狂生之言,然亦无及矣。今幸天佑其衷,清廷属治兵柄,此诚千载一时之嘉会也。人心归汉,公不宜妄自菲薄,致辜物望。虽今日世界,不能容有子孙帝王万世之观念,但以渺然之躬,代表四万万众,为第一期之大政长,与环球总统君主相周旋于玉帛坛坫之上,抑亦最快意事也。公其勉之。"九月

①《日本外务省档案·小池驻奉天总领事致内田外务大臣电》(第395号),邹念之编译:《日本外交文书选译——关于辛亥革命》,中国社会科学出版社1980年版,第62页。
②张孝若:《辛亥革命前后》,中国近代史资料丛刊《辛亥革命》(八),上海人民出版社2000年版,第38页。
③张国淦:《辛亥革命史料》,香港大东图书公司1980年印行,第281页。
④《黄兴致袁世凯书》,湖南省社会科学院编《黄兴集》,中华书局1981年版,第82页。
⑤张国淦:《辛亥革命史料》,香港大东图书公司1980年印行,第115页。

二十六日（11月16日），孙中山也从巴黎致电《民立报》说："今闻已有上海议会之组织，欣慰。总统自当推定黎君。闻黎有请推袁之说，合宜亦善。总之，随宜推定，但求早巩国基。"[①]

袁世凯的政治军事权威地位已经使当时各阶层普遍形成了"非袁莫属"的心理状态。随着时局的日益糜烂，这种心理和影响更加弥漫起来。

让清政府更感到害怕的是，武昌事起后，"东交民巷亦盛传非袁不可收拾"。[②]

九月初五日（10月26日），日本武官青木宣纯在与英国公使朱尔典交换意见时即认为：袁世凯"是皇室的唯一希望，他在中国有信誉，在外国有好名声，是唯一可望从目前的动乱中恢复秩序的一个人"；[③]九月二十五日（11月15日），英国外交大臣在致朱尔典的指示电文中说："我们对袁世凯怀有很友好的感情和敬意。我们希望看到，作为革命的一个结果，有一个强有力的政府，能够与各国公正交往，并维持内部秩序和有利条件，使在中国建立起来的贸易获得进展。这样一个政府将得到我们能够提供的一切外交上的支持。"[④]法国代表贾思纳认为，"如果清朝请一个强有力的人（像袁世凯）出来协助它，并同意一些宪法改革，则革命将失去它的矛头而不久被粉碎"；英、德、法、美四国银行团[⑤]"要求能有一个像袁世凯那样的人来保证政府的稳定"；朱尔典更是"以热烈的词句欢迎盛宣怀的劲敌袁世凯：'没有人比他更

①《本馆接孙君逸仙自巴黎来电》，《民立报》1911年11月17日，第1页。

②张国淦：《辛亥革命史料》，香港大东图书公司1980年印行，第108页。

③［澳］骆惠敏编，刘桂梁等译：《清末民初政情内幕》（上册），知识出版社1986年版，第767页。

④《格雷爵士致朱尔典电》，胡滨译：《英国蓝皮书有关辛亥革命资料选译》（上册），中华书局1984年版，第58页。

⑤银行团由四强代表组成，即汇丰银行（英），东方汇理银行（法），德华银行（德），美国集团（包括摩根公司、库恩·洛布公司、第一国民银行以及花旗银行）。材料来源：［澳］骆惠敏编，刘桂梁等译：《清末民初政情内幕》（上册），知识出版社1986年版，第726页。

适于充任汉人与清皇室之间的调人角色了。他是汉人中最受人信任的代表人物,而他和他的家庭以几代以来一直向清皇朝效忠,也获得了他们的信任'"。①朱尔典"深信,袁重新掌权已为期不远"。朱尔典甚至"斗胆揣测,袁将接替荫昌掌管陆军部,其后将擢升为内阁协理大臣,以接替即将退休之那桐"。②不仅如此,朱尔典还多次拜访奕劻,美国公使嘉乐恒也会见摄政王载沣,均表示希望尽早看到清政府起用袁世凯。列强的态度与声音不能不让清朝最高当政者认真对待。

不过,所谓声望、实力、能力、众望所归、列强的态度等等,都只是袁世凯被起用的必要条件,而不是充分条件。庆亲王奕劻的力保与强荐,才使袁世凯的起用成为历史现实。要知道,在清王朝以满洲贵族为主的封建君主专制的体制下,一个深遭当国者猜忌并被罢黜的汉族官员,要想得到重新任用谈何容易。即使是在武昌起义后王朝面临土崩瓦解的极度危机面前,关于是否起用袁世凯,清室内部的反对意见仍然占着上风,"监国以彼从前废斥,其咎非轻,不敢贸然起用"。③"后来武昌起义的风暴袭来了,前去讨伐的清军,在满族陆军大臣荫昌的统率下,作战不利,告急文书纷纷飞来。袁世凯的'军师'徐世昌看出了时机已至,就运动奕劻、那桐几个军机(应为内阁总、协理大臣——笔者注)一齐向摄政王保举袁世凯。这回摄政王自己拿主意了,向'愿以身家性命'为袁做担保的那桐发了脾气,严肃地申斥了一顿。"④"总之,政府各部院仍然是那么举棋不定……他们却还在犹豫

---

①〔美〕李约翰著,孙瑞芹、陈泽宪译:《清帝逊位与列强》,江苏教育出版社2006年版,第331、336页。

②〔澳〕骆惠敏编,刘桂梁等译:《清末民初政情内幕》(上册),知识出版社1986年版,第731页。

③陈夔龙:《梦蕉亭杂记》卷2,《近代稗海》第1辑,四川人民出版社1985年版,第411页。

④爱新觉罗·溥仪:《我的前半生》,群众出版社1964年版,第25页。

是否应为袁世凯重返朝政作出必要的牺牲。"①起初摄政王载沣并不打算重新起用袁世凯,载泽更是极力反对,最后还是奕劻力劝载沣,"再三力保",②并且力辞内阁总理大臣一职,建议由袁世凯担任,两派"争不能决,乃奏请隆裕太后决定。太后主起用袁,议乃定"。③

从史料上看,对于载沣驱逐袁世凯,奕劻从一开始就持坚决的反对态度,"如袁世凯被斥时,则告假辞职"④以示抵制。在光绪三十四年十二月二十四日(1909年1月15日)会见美英两国驻华公使时,奕劻也以不便表达为由,拒绝按照载沣所解释的袁世凯遭罢免的理由通报列强。奕劻甚至对英美驻华公使抗议清廷罢免袁世凯的行为表示欢迎和感谢。奕劻坦率承认他本人十分欣赏袁在外交和新政中的作用,认为袁遭罢免是摄政王个人的一场政变,他最后甚至向二公使保证:袁还年轻,还会被朝廷重新起用。⑤正因为奕劻了解袁世凯的材器,早在武昌事起前,他就有召回袁世凯的想法。徐世昌说:"四川争路风潮扩大,庆邸及余等自揣材力不胜,那相曾密推项城。"⑥宣统二年十一月十九日(1910年12月20日),英国公使朱尔典在致格雷爵士的函中亦曾提到:"庆亲王暗示袁世凯可能被召回北京组成一个新内阁,但袁本人却不大情愿重新'出山'。"⑦宣统三年(1911年)四月责任内阁成立时,奕劻即有过保奏袁世凯的主张:"庆王近致电袁世凯,谓曾奏保其接充内阁总理大臣,其材能资格最为相当,且可免皇族内

①《法国外交部档案·革命运动》,章开沅、罗福惠、严昌洪主编:《辛亥革命史资料新编》第7卷,湖北人民出版社2006年版,第228页。

② 溥伟:《让国御前会议日记》,中国近代史资料丛刊《辛亥革命》(八),上海人民出版社2000年版,第110页。

③ 叶遐庵:《辛亥宣布共和前北京的几段逸闻》,中国近代史资料丛刊《辛亥革命》(八),上海人民出版社2000年版,第120页。

④《庆王辞职说》,《申报》1911年10月3日,第1张第2版。

⑤ 崔志海:《摄政王载沣驱袁事件再研究》,《近代史研究》2011年第6期。

⑥ 张国淦:《辛亥革命史料》,香港大东图书公司1980年印行,第269页。

⑦《英国外交部档案·朱尔典爵士致格雷爵士函》,章开沅、罗福惠、严昌洪主编:《辛亥革命史资料新编》第8卷,湖北人民出版社2006年版,第49页。

阁之舆论攻击。"①可见,奕劻一直认为袁世凯是新任内阁总理的最佳人选,希望他能出山帮助清政府渡过危机。

再看下面几则史料:

> 在武昌起义以前几个星期,事实上北京官方已有过起用袁世凯的拟议,并且非正式地曾与袁世凯接洽过,那桐和奕劻甚至曾经把这个拟议奏闻摄政王载沣。他们认为目前正须集中人才,袁世凯虽未必如外国观察家所说那样众望所归,倒也不失为协调各方意见的人物。但因为载沣还不以为然,终于搁置。②

武昌起义后的第二天上午,当军谘府的官员拿着瑞澂打来的电报,请示毓朗怎么办时,这位军谘大臣不再像往日那样自揽军权,相反却痛快地明确表示:"这是内阁的事,我们不用管,还是让内阁去办吧。"③将责任像皮球一样轻轻一抛,直接丢给了奕劻。在这种情况下,奕劻不得不举行特别会议,紧急商讨对付之策,"闻内庭议起用袁项城,监国不应,且哀泣"。④

> 武昌起义,湖广总督瑞澂逃入军舰,以避革命军,奕劻以瑞澂为载泽姊婿,得息,甚为快意,以为看载泽如何办。及奕劻主召袁世凯,虑载泽为梗,郑孝胥调停其间,则以由载泽奏保世凯,而奕劻奏保岑春煊为交换条件。春煊载泽党也,于是以世凯总督两广(应为湖广——笔者注),而春煊总督四川。⑤

八月二十三日(10月14日),奕劻、那桐、徐世昌再次联合请求起用袁世凯。据张国淦回忆,清内阁阁丞华世奎事后曾对他说:"武昌

---

①《译电》,《申报》1911年9月30日,第1张第3—4版。

②黎澍:《辛亥革命与袁世凯》,中国大百科全书出版社2011年版,第194页。

③冯耿光:《荫昌督师南下与南北议和》,《辛亥革命回忆录》第6册,中华书局1963年版,第348页。

④剑农:《辛亥革命始末记》,中国近代史资料丛刊《辛亥革命》(五),上海人民出版社2000年版,第179页。

⑤马叙伦:《民国笔记小说大观·石屋余渖》,山西古籍出版社1995年版,第143页。

事起,举朝皇皇,庆等连日已私电致袁,并派员至彰德秘密商议大计,信使络绎。他们本无应变之才,都认为非袁不能平定,且是袁出山一绝好机会。乃于二十三日,由庆提议起用袁,那、徐附和之。摄政不语片刻,庆言:'此种非常局面,本人年老,绝对不能承当,袁有气魄,北洋军队,都是他一手编练,若令其赴鄂剿办,必操胜算,否则畏葸迁延,不堪设想。且东交民巷亦盛传非袁不能收拾,故本人如此主张。'泽公等初颇反对,鉴于大势如此,后亦不甚坚持。摄政言:'你能担保没有别的问题吗?'庆言:'这个不消说的。'摄政蹙眉言:'你们既如此主张,姑且照你们的办。'又对庆等说:'但是你们不能卸责。'于是发表袁湖广总督。"①

通观上述几则史料,华世奎对张国淦吐露的内幕消息似乎更为丰富,更接近历史的真实,但其他史料亦证明了奕劻起用袁世凯的急切心情与所作的努力。由此可见,奕劻在推动清廷起用袁世凯这个问题上,是不遗余力的。为了能让清廷起用袁世凯,奕劻可以说是动用了他可以动用的一切力量和手段。他不仅与那桐、徐世昌形成合力,以内阁名义向朝廷施压,甚至与自己的政敌载泽做交易,并用列强来吓唬载沣与隆裕太后。

关于奕劻推动载沣起用袁世凯这件事,曾在军谘府任职的冯耿光亦有回忆,甚可印证华世奎所言的当日情形确实不虚。

八月二十三日,听说已经下诏起用袁世凯为湖广总督了。这事并非偶然。武昌起义以后,清廷的王公大臣们自摄政王载沣、庆王奕劻而下都没有应变的大才,都拿不出处理军政的上策。而奕劻、那桐、徐世昌、袁世凯在西太后垂帘听政的时候,共同参与军政机宜,利害相关已非一日。所以在袁被罢斥以后,同情袁的

---

① 张国淦:《辛亥革命史料》,香港大东图书公司1980年印行,第108页。

处境,希望袁能有"出山"的一天,恢复他们旧日的声势,也是情理的自然。听说自袁到彰德以后,奕劻与袁本有私电往返,武昌事起后往返就更频繁了,并且曾派员去彰德面商大计。当时,他们认为只有袁出来才能应付那突然的变化,而当时也是引袁出山的好机会。因此,就在二十三日由奕劻向载沣提出起用袁世凯的意见,但载沣并不表示态度。奕劻说:"当前这种局面,我是想不出好办法。袁世凯的识见、气魄,加上他一手督练的北洋军队,如果调度得法,一面剿一面安抚,确实有挽回大局的希望。不过这件事要办就办,若犹豫迟延,就怕民军的局面再一扩大,更难收拾了。并且东交民巷也有'非袁出来不能收拾大局'的传说。"当时那桐、徐世昌也从旁附和,但载泽是反对这个意见的,不过他也拿不出什么办法。载沣同隆裕商量,隆裕也束手无策,考虑了些时候,也只好姑且答应了,但是他们要奕劻保证袁"没有别的问题"。这样就在当天"上谕"起用袁世凯为湖广总督,"督办剿抚事宜"。因为奕劻与袁密商大局的时候,袁主张不完全诉之于兵力,应当一面剿一面抚,"督办剿抚"还是采取袁的主张。①

上述史料与华世奎所言一样,在清廷起用袁世凯的过程中,奕劻是做了保人的。它不仅印证了张国淦所记载的史料的准确性,并且进而还有所扩充,说明清廷的剿抚政策也是奕劻向袁世凯讨教的结果。

另据张国淦记载,徐世昌曾言:"及至武昌事起,瑞澂弃城逃走,电奏到京,政府更加惴惴。载泽等懵然主剿,以为武昌一隅,大兵一到,指日可平,故二十一日有荫昌剿办之谕。其时空气弥漫,若大祸旦夕即来。庆邸与彰德,平时本不断往还,至是急电询商,项城以为在此潮流转变之下,民心思动,已非一日,不是单靠兵力所能平定,主张剿

---

① 冯耿光:《荫昌督师南下与南北议和》,《辛亥革命回忆录》第6册,中华书局1963年版,第352—353页。

抚兼施。我辈即旁敲侧击，据以上陈。摄政只知时机危急，虽说重在用兵，而一面主剿，一面主抚，亦为摄政所愿听，载泽等无能反对。惟困难之点，不在剿抚政策，而在起用项城。亲贵畏忌项城，但是北洋六镇，既是项城多年训练之兵，外人方面，并一致以此次事变，非项城不能收拾，事势所迫，不得不起用项城矣，故二十三日有袁世凯督办剿抚事宜之谕。"①这则材料透露出四点信息：（1）八月二十一日（10月12日）官军南下是载沣采纳载泽主张的结果；（2）剿抚兼用政策的采用是袁世凯通过奕劻向清廷建议的结果；（3）奕劻、徐世昌等用剿抚兼用之策推动载沣，如果载沣采用此政策，就必然要涉及到袁世凯的起用问题；（4）冯耿光所言与徐世昌所言基本一致，而二人又皆是当日清廷决策起用袁世凯时的内幕知情人，所述应该具有可靠性。

在奕劻力荐袁世凯这个问题上，当事人载涛也持有类似的观点，认可奕劻在袁世凯起用过程中所起的作用。他说："到了武昌起义，革命爆发，那、徐协谋，推动奕劻，趁着载沣仓皇失措之时，极力主张起用袁世凯。袁在彰德，包藏野心，待时而动。冯国璋、段祺瑞是袁的嫡系心腹大将，亦认为'非宫保再出，不能挽救危局'。载沣本不愿意将这个大对头请出，以威胁自己的政治生命，但是他素性懦弱，没有独作主张的能力，亦没有对抗他们的勇气，只有任听摆布，忍泪屈从。"②

对于奕劻在袁世凯起用过程中所起的作用，日本外务省存有一则档案，十分能说明问题：

> 关于前电第399号所述问题，朗贝勒素日参与机要，今日退朝后即召川岛前往面晤，所谈内容大致如下：任袁世凯为总理大臣，全由庆亲王之一手荐举，那桐、徐世昌自然赞成，涛贝勒亦

---

① 张国淦：《辛亥革命史料》，香港大东图书公司 1980 年印行，第 269 页。

② 载涛：《载沣与袁世凯的矛盾》，中国人民政治协商会议全国委员会文史资料研究委员会编：《晚清宫廷生活见闻》，文史资料出版社 1982 年版，第 81—82 页。

表同意。涛贝勒之所以同意，实因庆亲王、涛贝勒与泽公之间倾轧素深，近来几至达到顶点，涛贝勒甚至暗自忧恐其为泽公所暗害。当此时刻，如能引袁世凯入主中枢，或可缓和其间矛盾，至少可能暂时维持小康状态。此事，庆亲王与袁世凯之间事先似已早有默契，本人明日即将提出辞表，等等。[①]

毓朗时任清政府军谘大臣，素日参与机要，是奕劻的政敌，他在宣统三年九月十一日（1911年11月1日）与川岛浪速的这番谈话，真实反映了清亡前夕统治者高层权力倾轧的客观情况，对于奕劻在武昌起义后对袁世凯的力荐，无疑又是一个有力的佐证。

可见，正是在奕劻的坚持与保证袁世凯可用的前提下，载沣才勉强同意起用袁世凯，从而为解决南北争端找到了一个"合适"的人选。

但是，基于对袁世凯的恐惧与不放心，载沣虽然同意了起用袁世凯，但一开始他并未打算授予袁世凯全权，并企图用岑春煊与荫昌来牵制袁世凯。"虽然袁世凯已被任命为湖广总督，而且长江地区的水陆军队都已暂时置于他的控制之下，但满族统治集团显然害怕把便宜行事的权力交给他，而只有这种权力才使他能够迅速应付局势。"[②]对此，袁世凯也以拒绝任命作为回报。

宣统三年九月初三日（1911年10月24日），法国驻华公使馆的斐格在致法国外交部长的信中就看到了这一点："革命运动的力量与日俱增，该是政府用有力措施阻止其发展的时候了。然而，在一次会议上，政府的优柔寡断、犹豫不决比以前更有过之而无不及。如果说他们宣布了召回袁世凯，任命他为湖广总督，所采取的措施却令人能够断定这不会有什么效果。他们通过同一天下达的诏书，注意到了任

---

①《日本外务省档案·伊集院驻清公使致内田外务大臣电》（第400号），邹念之编译：《日本外交文书选译——关于辛亥革命》，中国社会科学出版社1980年版，第58页。
②《朱尔典爵士致格雷爵士函》，胡滨译：《英国蓝皮书有关辛亥革命资料选译》（上册），中华书局1984年版，第50页。

命他的对手岑春煊为四川总督,并把与他们同等的兵权授予企图压倒他的陆军部尚书荫昌将军,他不能接受这些条件。为促使袁南下的谈判开始了,仿佛还曾有过结果,甚至都已定了22日的火车送他去南方,可总督把票退还北京,并派人去说他以后会通知铁路自己的意图的。实际上,根据来自与他最接近的心腹的秘密情报说,摄政王拒绝了授予他全权改革朝政的要求,而他则认为他为一点点代价返回朝廷毫无意义。可以推测,官军的再一次败绩必将大大有助于解决问题,届时威胁皇朝的危险会使很多障碍烟消云散。可是,在这期间,他将待在彰德府。等人家给予他袁世凯大权的时候,他还来得及拯救帝国吗?"①

在这种情况下,左右为难的奕劻又继续为袁世凯出山积极创造条件。

宣统三年八月二十三日(1911年10月14日),庆亲王奕劻派阮忠枢、杨度到彰德劝袁世凯出山镇压革命。"庆王派阮斗瞻(阮忠枢)来劝驾,袁公谢恩折上矣。"②在给袁世凯的亲笔信中,奕劻殷殷劝告:"余与公同受先朝顾命,其言今犹在耳。现今时机紧迫,希共辅圣君,挽回危局,一切既往,切勿介意云云。"③二十四日(15日),袁世凯以"旧恙实未痊愈,在平日精神尚勉可支。特近因入秋骤寒,突患痰喘作烧之症,头眩心悸,思虑恍惚"为由敬谢不敏。同时,袁世凯也为自己留出余地:"现赶加医治,一面料理筹备。一俟稍可支撑,即力疾就道。"④

二十五日(16日),袁世凯阅读邸抄看到清廷补授他为湖广总督后,致函奕劻再次表示感谢,并开出出山条件。⑤

①《法国外交部档案·革命运动》,章开沅、罗福惠、严昌洪主编:《辛亥革命史资料新编》第7卷,湖北人民出版社2006年版,第223页。
② 王锡彤:《辛亥记事》,《近代史资料》总25号,1961年第1号,第517页。
③ 马震东:《袁氏当国史》,团结出版社2008年版,第25页。
④ 骆宝善、刘路生主编:《袁世凯全集》第19卷,河南大学出版社2013年版,第3页。
⑤ 骆宝善、刘路生主编:《袁世凯全集》第19卷,河南大学出版社2013年版,第7—8页。

二十八日（19日），奕劻推动清廷以上谕的形式发布："袁世凯现已补授湖广总督，所有长江一带水陆各军均着暂归该督节制调遣。"①

三十日（21日），奕劻电寄袁世凯："王士珍着襄办湖北军务"，"冯国璋着迅赴彰德筹商一切"，"第四镇统制官吴凤岭，驰赴前敌。"②

九月初二日（10月23日），应袁世凯之请，奕劻将段祺瑞从江北提督任上调往湖北前线。

初五日（26日），奕劻让唐绍仪"迅速来京供职"。

初六日（27日），奕劻等又推动清廷下达谕令："任湖广总督袁世凯为钦差大臣，海陆各军、长江水师及此次派遣之各军队，悉归其全权指挥，军谘府及陆军部亦不得干涉。"③

初九日（30日），奕劻召赵秉钧进京"署理民政大臣"。赵秉钧所以能急遽入京接任民政部事务，"首由庆亲王、那桐泣涕言称：今后凡京师治安等诸般政务只得一任赵氏主持，等等"。④

在满足袁世凯的上述要求后，十一日（11月1日），奕劻第七次提出辞呈，⑤指出自己"奉职无状，遂使祸变至于此极……当此危难之际，薄海望治方殷，业经贻误至此，虽捐糜顶踵不足以自赎。倘再恋栈，不急退避贤路，窃恐贻忧于君父者更大，为祸于天下者益烈……惟有恳恩立予罢斥，迅简贤能，另行组织完全内阁，改良政治，庶几挽回

---

①《光绪宣统两朝上谕档》第37册，广西师范大学出版社1996年版，第257页。

②张国淦：《辛亥革命史料》，香港大东图书公司1980年印行，第106、107页。

③《日本外务省档案·伊集院驻清公使致内田外务大臣电》（第346号），邹念之编译：《日本外交文书选译——关于辛亥革命》，中国社会科学出版社1980年版，第51页。

④《日本外务省档案·伊集院驻清公使致内田外务大臣电》（第395号），邹念之编译：《日本外交文书选译——关于辛亥革命》，中国社会科学出版社1980年版，第56页。

⑤奕劻在内阁总理大臣任上共有七次请辞。5月9日与12日，两次分别以"速谤疾颠"与"诚不欲开皇族内阁之端"为由，恳请收回成命。6月9—10日、15日，奕劻又以"外间舆情亦不甚洽"为由，第三、四次请辞。8月3日，奕劻因与载沣在清理内务府财政问题上产生分歧第五次提出辞职。9月29日，奕劻因川路事第六次呈辞。

危局"。①

在水到渠成的情况下,同日,清廷终于同意奕劻的辞职请求:"袁世凯着授为内阁总理大臣……即行来京组织完全内阁,迅即筹划改良政治一切事宜。"②并接受奕劻的建议:"袁世凯虽已授总理大臣,但派往湖北之陆海各军及长江水师,依旧归其节制。"③

奕劻荐袁代替自己以收拾时局的安排至此落实了。

弼德院总裁

关于清帝逊位,以往的研究多关注袁世凯与革命党两个方面的压力,以及笼统地谈论清廷内部的争斗,具体到奕劻等人如何活动则明显关注不够。这时,奕劻虽然已退居"幕后",但他的地位与声望,使其在清帝退位方面的影响力不可低估。

世人多不知,实际上,在劝说清帝逊位的过程中,庆亲王奕劻起到了十分关键的作用。

袁世凯出山重组内阁后,奕劻又因为其资格与声望被清政府任命为弼德院总裁。清政府希望用奕劻来牵制袁世凯,以达到权力平衡的目的。然而,令隆裕太后意想不到的是,在辛亥政局中,袁世凯与奕劻再次联手,共同推动了清帝逊位。

袁世凯复出掌握清王朝行政、军事大权后,奕劻的初衷达到了,世凯"既入都,则首谒亲贵,与之密商三昼夜,始而组织内阁"。④奕劻此时还十分信任袁世凯,甚至亲自出马劝说列强支持袁世凯。宣统三年

①《内阁总理大臣奕劻等奏自请罢斥另简贤能组阁折》,故宫博物院明清档案部编:《清末筹备立宪档案史料》(上册),中华书局1979年版,第599页。

②《光绪宣统两朝上谕档》第37册,广西师范大学出版社1996年版,第285页。

③《日本外务省档案·伊集院驻清公使致内田外务大臣电》(第399号),邹念之编译:《日本外交文书选译——关于辛亥革命》,中国社会科学出版社1980年版,第57页。

④许指严:《新华秘记》,《近代稗海》第3辑,四川人民出版社1985年版,第310页。

九月二十五日（1911 年 11 月 15 日），在日本公使伊集院拜访奕劻时，奕劻尚对袁世凯充满信心："袁世凯昨日如期到京，今后一切政务，悉以该员是赖，以图善后。今晨在皇上面前，袁世凯已与本人进行充分磋商。袁表示亟欲与贵公使会晤，面商种切，务望多方关照为盼"，并一再言称："望诸事与袁世凯商谈。"但形势的变化却很快大大超出了奕劻的意料，奕劻想利用袁世凯挽救清王朝统治的目的落空了。当"清廷已将万事委于袁氏双肩，指望借袁氏效力以维持清廷命脉"①时，袁世凯却"目光所注，全在外交及亲贵，故其布置亦惟对于此二者着着进行"。②"美国公使的电报称，袁世凯几乎把满族人全部撵走了，尽管他的地位不断地得到加强。"③袁世凯组阁后，首先罢免了军谘府大臣载涛和毓朗，而由自己的朋友荫昌与徐世昌接替；其次与奕劻一起，于宣统三年九月十六日（1911 年 11 月 6 日）迫使载沣交出"监国摄政王"的大印，退回藩邸；④"嗣后用人行政，均责成总理内阁大臣"。⑤同时，调冯国璋入京，接任禁卫军总统。不久，又用准备出征的名义把禁卫军调出城外，而派段芝贵另编拱卫军，驻扎城里拱卫。这样，袁世凯就接收了清廷统治下的全部权力，把清政府完全控制在了自己的手中。接下来，袁世凯并没有按照奕劻的希望进行，而是挟权、借势与南方议和，"外挟民意，以制朝廷"，⑥打算牺牲清室来达到自己操纵政权的目的。

————————

　　①《日本外务省档案·伊集院驻清公使致内田外务大臣电》（第 522 号），邹念之编译：《日本外交文书选译——关于辛亥革命》，中国社会科学出版社 1980 年版，第 65、66 页。

　　②劳祖德整理：《郑孝胥日记》第 3 册，中华书局 1993 年版，第 1387 页。

　　③《英国外交部档案·布赖斯先生致格雷爵士函》，章开沅、罗福惠、严昌洪主编：《辛亥革命史资料新编》第 8 卷，湖北人民出版社 2006 年版，第 145 页。

　　④ 1911 年 11 月 19 日，朱尔典在致格雷的电报中称："唐绍仪的建议为：'由摄政王让权给袁世凯与庆亲王两人，以此为安顿国事不可缺少的预先步骤，他所计划的程序，乃由皇太后下谕旨，令摄政王让权，改由汉人辅佐宣统皇帝。"（章开沅、罗福惠、严昌洪主编：《辛亥革命史资料新编》第 8 卷，湖北人民出版社 2006 年版，第 105 页。）

　　⑤《光绪宣统两朝上谕档》第 37 册，广西师范大学出版社 1996 年版，第 330 页。

　　⑥岑春煊：《乐斋漫笔》，《近代稗海》第 1 辑，四川人民出版社 1985 年版，第 107 页。

在袁世凯不主张用军事手段解决南方问题、南方革命力量日益壮大的形势下,庆亲王奕劻很快便醒悟过来,看清了袁世凯揽权的真实目的之所在。他终于明白了:力荐袁世凯代替自己组阁不过是引虎自卫,袁世凯已非旧日之盟友了。眼下的各方博弈已经发展成为清皇室、袁世凯与革命党三方利益的角逐,而清室的去向则成为时局的重心问题。奕劻清楚地看到,清政权已为袁世凯势力所控制,隆裕太后与宣统皇帝已成为袁手中的傀儡,大清帝国已经无可挽救,"清室之命运悬于其手"。①惟有满足革命党的共和愿望、袁世凯对政权的野心,才可以打破僵局,达到保存清室与满洲亲贵利益的目的。"若不如此办法,两宫之危险,大局之糜烂,皆不可思议。"②为了解决问题,避免更大的内战,在无可奈何中,十分现实的奕劻只得"对共和表示理解或支持,表示支持南北方以议和方式来结束战争",③开始了从捍卫清王朝到保存清室的转变,支持清帝逊位,在现有条件下用不流血的原则换取一个各方都相对满意的结果。

身为大清帝国铁帽子王的奕劻为什么会支持清帝退位呢?

即使有上面的解释,似乎仍然有点不合逻辑。

不过,如果考虑到奕劻作为一个重要政治人物所处的历史地位、了解他对时局的观察的话,对奕劻来说,这个决定并不显得唐突。应该说,奕劻力主清帝逊位,是他在充分考虑了各方态度与反应后不得已而作出的一种积极的举措。

列强方面:

宣统三年十月初四日(1911年11月24日),英国公使朱尔典在巴尔敦的陪同下于下午四时到外务部大楼拜会庆亲王和袁世凯。奕劻

---

① 萧一山编:《清代通史》(四),华东师范大学出版社2006年版,第1022页。
② 许恪儒整理:《许宝蘅日记》第1册,中华书局2010年版,第395页。
③ 朱诚如主编:《清朝通史》第13卷,光绪宣统朝,紫禁城出版社2003年版,第726页。

希望能够借此次会谈了解英国对解决王朝危机的看法,并期望能得到列强的帮助。会谈伊始,奕劻即迫不及待地"要求朱尔典爵士谈谈对时局的看法"。朱尔典建议:"目前的上海谈判能够找到一条解决问题的途径";在他个人看来,"关于将国体问题提交国民会议讨论的建议若能被采纳,则可能构成和平解决问题的基础"。奕劻随即"表示担心革命党人连这个建议都不接受,并询问,倘若谈判破裂,朱尔典爵士是否考虑到外国列强会有所干涉。朱尔典爵士答道,没有英王陛下政府的指示,他不能回答这一问题;倘若共和派拒绝听从调解,他个人认为,其干涉只能意味着试图用武力对南方诸省实行强制,他几乎不能设想会有列强采取如此步骤"。奕劻接着问道,"在政府方面由于其财政困难,所建议的三个月期限是非常难捱的,并询问,如果这个建议被接受,是否能够得到外国的金融援助。朱尔典爵士答道,延期将提供一个使党派狂热冷却的机会,对政府事业不会有所危害。至于外国援助问题,他建议听一听其他外国代表的看法;他只能说他本人赞成国民会议的建议,但如果庆亲王希望了解英王陛下政府对此事的观点,他愿代为询问。他们已经知道他自己的观点,他们的惟一希望是看到在强固的政府领导下的统一的中国"。奕劻还不甘心,继续问道,"无论是袁氏还是他本人,都不相信共和制能在中国产生一个强固的政府。朱尔典爵士答道,袁氏已将此意告诉他,他已报告了英王陛下政府。共和制在中国是否可行,任何外国人都不能僭越决定这个问题;惟一可以说的是中国人民有资格选择他们所希望的政体"。①通过这次会谈,奕劻得到了两个方面的重要信息:(1)列强不会再像咸、同时期那样用武力帮助清政府干涉革命了;(2)清政府不可能得到列强的财政援助了。这让奕劻感到沮丧。

---

①《英国外交部档案·朱尔典爵士与庆亲王和袁世凯会谈记录》,章开沅、罗福惠、严昌洪主编:《辛亥革命史资料新编》第 8 卷,湖北人民出版社 2006 年版,第 175—176 页。

但是，奕劻并不死心，他仍然在做努力。十一月十二日（12月31日），《盛京时报》报道说："庆邸目前照会某某两国政府，略谓对于保存清廷须加意护卫，惟某国答复极为冷淡，且述今日之中国不必以君主政体为是云云。"①报刊的报道大致表明了外国列强的态度。

更让奕劻难堪的是，在政府面临财政恐慌奕劻要求借款时，"四国银行考虑借款申请的唯一条件是：赋予袁世凯同革命党人议和的全权，并进行革命党人所要求的不论多大程度的改革"。这将意味着"将满人逐出内阁，重新安排高级官吏，取消满人的一切特权"。②

不仅如此，列强非但不帮助清政府，反而要求清政府与革命党妥协。英、德、法、美、日、俄六国政府，鉴于革、清两军战争，对中国联合发出警告，"劝革、清两方面，各派委员，迅速妥协，中止现在战斗为要"。③

1912年1月12日，外国商人团体上海商务理事会干脆致电庆亲王奕劻，公然要求将"建议皇上退位作为和平解决的一项预备措施"。④27日，法国外交部长在致法国驻伦敦、柏林、圣彼得堡、华盛顿大使的电文中明确指出："迄今为止，六大列强至少分别地表现出了它们不介入的愿望。它们拒绝了对清皇朝的金钱上的任何支持。"⑤

列强的态度让奕劻彻底明白，借助列强武力干涉是不可能了，列

①《表同情于君主政体者盖鲜》，《盛京时报》1911年12月31日，第2版。

②〔澳〕骆惠敏编，刘桂梁等译：《清末民初政情内幕》（上册），知识出版社1986年版，第765页。

③马震东：《袁氏当国史》，团结出版社2008年版，第34页。

④《朱尔典爵士致格雷爵士函》，胡滨译：《英国蓝皮书有关辛亥革命资料选译》（上册），中华书局1984年版，第243页。1912年1月12日外国商人团体上海商务理事会在致前摄政王、庆亲王及总理大臣袁世凯的电文中第七条："兹决定：本商会通过理事会吁请庆亲王和前摄政醇亲王劝诱朝廷和皇族，在代表大会就中国今后政体问题作出最后决定之前，尽快筹划采取哪些适当满足全国大多数人的明显愿望并使和平和秩序能够恢复的和解措施。"（《上海商会致前摄政王、庆亲王及总理大臣袁世凯电》，胡滨译：《英国蓝皮书有关辛亥革命资料选译》〔下册〕，中华书局1984年版，第345—346页。）

⑤《法国外交部档案·中国政局与列强反应》，章开沅、罗福惠、严昌洪主编：《辛亥革命史资料新编》第7卷，湖北人民出版社2006年版，第249页。

强已经无意再帮助清廷维护帝制了。

袁世凯方面：

袁世凯在出山之前已经抱定两大宗旨：（1）不做革命党；[①]（2）宽容党人，"始终不愿以兵力从事"。[②]袁世凯复出执掌清王朝军政大权以后，野心顿然滋长，这根奕劻在清廷危难之际搬出来的救命稻草，已经不会再按奕劻所愿倾力拯救清王朝了，相反，他要抓住这个前所未有的机会，既利用革命政权，也利用清政府，最后不战而屈人之兵，夺取国家最高权力，让自己成为君临天下者。"从危机开始时起，袁世凯便看起来对解决的办法颇有把握。尽管满洲人和共和派同样地讨厌他，两派都觉得他靠不住，他却善于使他们觉得少了他不行。他用辞职加以威胁，迫使清廷作出一个又一个让步，直至退位。他给列强以这样的印象，仿佛惟有他才是威望服众，才能保证国泰民安并维持中央政权。他在军事上对共和派谨慎相待，与共和派谈判，利用其对外来干涉的恐惧，使后者把共和国总统的宝座奉献给他。"[③]对于这一点，奕劻看得比谁都要清楚。

革命党方面：

自从武昌事起后，除北方六省外，其他各省纷纷独立响应，南北方代表虽然已经开始了上海谈判，但共和派代表明确表示出了"不妥协态度"。[④]1912年1月1日，孙中山建立了中华民国临时中央政府，明确显示了推翻清王朝专制统治的绝不妥协的决心。

国内民意方面：

---

① 据王锡彤在《辛亥记事》中回忆，袁世凯在武昌起义后曾说过："余不能为革命党！余子孙亦不愿其为革命党！"（《近代史资料》总25号，1961年第1号，第517页。
② 劳祖德整理：《郑孝胥日记》第3册，中华书局1993年版，第1387页。
③《法国外交部档案·中国政局与列强反应》，章开沅、罗福惠、严昌洪主编：《辛亥革命史资料新编》第7卷，湖北人民出版社2006年版，第248—249页。
④《法国外交部档案·上海谈判和朝廷让位》，章开沅、罗福惠、严昌洪主编：《辛亥革命史资料新编》第7卷，湖北人民出版社2006年版，第246页。

共和已成为国人潮流所向。武昌起义后，以张謇为首的立宪派迅速倒向革命，各省督抚或作壁上观，或起而独立响应。宣统三年九月十五日（1911年11月5日），"上海各会复电，必用共和政体，意仍主推翻满洲王室"。①二十二日（12日），伍廷芳、张謇、唐文治、温宗尧通过美国驻华使馆向监国摄政王载沣递文，指出："川鄂事起……旬日之内，望风离异者，十有余省。大势所在，非共和无以免生灵之涂炭，保满汉之和平。国民心理既同，外人之有识者，议论亦无异致，是君主立宪政体，断难兼容于此后之中国。"他们希望载沣"幡然改悟，共赞共和"。②这期间，南方和谈总代表伍廷芳亦致函奕劻，"请皇上及监国逊位，同赞共和"，并指出"舍此别无良策"。③12月，北方谈判代表唐绍仪叠次来电，称南方"极言共和不可不成，君位不可不去，并言东南各省众志金同，断无更易，语甚激决"，"彼党坚持共和，不认则罢议，罢议则决裂，决裂则大局必糜烂"。④1912年1月3日，"驻俄公使陆徵祥联合驻外各国公使，电请清帝退位"。⑤15日，前两广总督袁树勋致电清廷，请早定共和政体；同日，岑春煊亦电清廷，请认共和政体。⑥19日，清外务大臣胡惟德、民政大臣赵秉钧、邮传大臣梁士诒奏请"人心已去，君主制度，恐难保全，恳赞同共和，以维大局"。⑦更重要的是，早在宣统三年十一月十二日（1911年12月31日），就连清政府卧榻之旁的直隶滦州也发生了新军第二十镇第七十九标官兵要求共和的武装起义。接着，又传来天津巨绅劝直隶总督陈夔龙"俯顺潮流，从权独

---

① 劳祖德整理：《郑孝胥日记》第3册，中华书局1993年版，第1355页。
② 《奏请监国赞成共和文》，丁贤俊、喻作凤编：《伍廷芳集》（上册），中华书局1993年版，第367页。
③ 《致清庆邸书》，丁贤俊、喻作凤编：《伍廷芳集》（上册），中华书局1993年版，第369页。
④ 《袁世凯等为革军力主共和代表请开国会奏请召集宗支王公会议折》，中国第二历史档案馆编：《中华民国史档案资料汇编》第2辑，江苏古籍出版社1991年版，第51页。
⑤ 张国淦：《辛亥革命史料》，香港大东图书公司1980年印行，第299页。
⑥ 戴逸、李文海主编：《清通鉴》卷268，第20册，山西人民出版社2000年版，总第9129页。
⑦ 张国淦：《辛亥革命史料》，香港大东图书公司1980年印行，第310页。

立"①的消息。在这种情势下，奕劻明智地认识到，清王朝大势已去，清室统治已经无可挽救，"实行君主立宪已全无可能，最后结果只能建立共和国政府"，②只有顺应潮流，用清帝逊位来换取袁世凯与南方临时共和政府对皇室、皇族之优待条件，才是不得已而为之的一种双赢结局。

于是，为了保存住清皇室，在无可奈何之中，在得到袁世凯保全清王朝宗庙之血食的保证下，奕劻开始了说服隆裕太后让出政权的艰辛过程。

据许指严《新华秘记》记载：袁世凯因觊觎神器，曾邀奕劻密商，问奕劻是否想保全清室，奕劻扼腕流涕曰："奈何不思保全。顾自问绵力，恐无以胜此任，故举一切委公。"袁问："公意固然，下走无庸复议。但兹事体大，形势瞬息万变，稍纵即逝。上有皇太后、皇上，公虽明达果断，其如掣肘何？"奕劻答曰："皇上幼冲，未能亲政。摄政王久已引嫌不问政务，公所知也。主大计者惟太后。太后视吾犹骨肉，凡所言无不从。公但有命，吾自能为公了之。"袁起致谢曰："然则今日之排难解纷，非公莫属。愿公开拓心胸，破除成见，创此前古未有之奇局，拯彼百万无辜之生灵，而且可保万岁祖宗之血食。"袁进而"举退位以谢天下之说进，且言苟能敦劝太后及早办理，则引各国宪法优待皇室之条，更当适合中国国情，使之双方美满，从此休兵息民，共享福利"。奕劻于是答应助袁世凯玉成其事。③

许指严接着说："隆裕太后允下退位之诏，其内幕实出于某亲贵之劝逼。隆裕事后颇悔，然已无及矣，故哭泣数月即薨……先一日，亲贵入宫陈退位之说，隆裕太后犹怫然拒绝曰：'吾召袁世凯来京，与卿会同组织内阁，为保清祚也。今且此而断送天位，卿等辜恩负德，何以

①陈夔龙：《梦蕉亭杂记》卷2，《近代稗海》第1辑，四川人民出版社1985年版，第417页。
②《日本外务省档案·伊集院驻清公使致内田外务大臣电》（第745号），邹念之编译：《日本外交文书选译——关于辛亥革命》，中国社会科学出版社1980年版，第331页。
③许指严：《新华秘记》，《近代稗海》第3辑，四川人民出版社1985年版，第310—311页。

对祖宗于地下？'亲贵大惧……良久，太后颦蹙不语，既而曰：'毕竟何法可解此厄？'亲贵知太后已无督过意，乃呜咽而泣。倾之，悲声大纵，且号且语曰：'民情风靡，士不用命，大事去矣！奴才无状，实不能有所计议。'太后亦泣曰：'竟至此乎？'亲贵乃历举冯、段电报及各省响应消息以告，且引袁世凯中外大势及善后事宜等称说，哀音瘏口，娓娓动人。太后曰：'吾一人断不固执己见，坐视荼毒生灵。第宗亲勋旧咸在，不可不征集众见，决此大计，异日勿谓祖宗三百年基业，断送于妇女之手也。'亲贵叩首受命，且引今兹退位，系极光荣之事，与历姓亡国不同，愿太后分别此意，明白宣布。乃立请下征集御前会议懿旨并正式上谕。太后即口授亲贵大旨，命付内阁速行撰拟，盖皆亲贵一人敦促之力也。"①

上面史料中提到的"亲贵"，无疑指的即是奕劻本人。他对隆裕所言的"民情风靡，士不用命"之语亦确实是当日的实情。至于奕劻所说的"今兹退位，系极光荣之事，与历姓亡国不同"之语则很可能是他与袁世凯商量好后而抛给隆裕太后的一套劝说辞，是针对隆裕一种劝说策略而已。

事实上，早在宣统三年十一月初九日（1911年12月28日）隆裕太后召见全体国务大臣及奕劻、载沣、载泽、善耆、载洵、载涛等亲贵重臣商议解决时局的办法时，奕劻心中便已经有了十分清晰的主张，但他考虑到劝说隆裕太后在时机上尚不成熟，因而在这次召对时并未发表自己的见解，只是劝说隆裕太后咨询国务大臣。"本日皇太后御养心殿，先召见庆王等，旋召见总理大臣及各国务大臣，皇太后谕：'顷见庆王等，他们都说没有主意，要问你们，我全交与你们办，你们办得好，我自然感激，即使办不好，我亦不怨你们。皇上现在年纪小，将来大了也必不怨你们，都是我的主意。'言至此，痛哭，诸大臣亦哭，又谕：'我并不是说我家里的事，只要天下平安就好。'……诸王公默然，候旨发下后各散。"①经过这次召对，奕劻摸清了隆裕太后的心中主张："皇室方面对万事俱已放手，已决心在不得已情况下听任采用共和政体，毫无其它办法。"②而这正和奕劻的主张不谋而合，于是就有了1912年1月16日，"奕劻、世凯入朝谒见清后，请示最后决策，乃订于次日召集王公内阁御前会议"的事情。③"闻内阁拟就上谕两道，一为逊国，一为宣战，阁臣不自擅决，付诸皇族会议，但若采用乙种办法，阁臣即一律辞职云。"④

17日，隆裕太后召开第一次御前会议。奕劻在此次会议上便主张有条件退位。"二十九日（1月17日——笔者注），开御前会议，贝子溥伦首言：'我族再主中夏，固已绝望，即国民会议果开，于我亦决无利益。袁世凯虽力欲保存君主，而势孤党弱，譬之片石置急流，其何能济？目下和议虽未决裂，而南京已立政府，北伐之声，日益加厉，民军四布，与其待兵临城下，服从武力，何若自行逊让，爱蒂长留。况优待皇室，系民军商请，公论在人，似不中变。孙文虽暂为总统，岂能支此危局？闻已约定推袁世凯为总统，事若果成，岂但中国之幸，抑亦皇室之福！所虑者，袁世凯理学气太深，日来辞职之意，坚决非常，此则不可不虑。凡此宗支，当说其不可拘泥者也。'奕劻甚以其言为然。"⑤法国驻华使馆的高拉尔得在致法国陆军部长的信中说："在第一次会

---

① 许恪儒整理：《许宝蘅日记》第1册，中华书局2010年版，第385、386页。
② 《日本外务省档案·伊集院驻清公使致内田外务大臣电》（第756号），邹念之编译：《日本外交文书选译——关于辛亥革命》，中国社会科学出版社1980年版，第335页。
③ 萧一山编：《清代通史》（四），华东师范大学出版社2006年版，第1075页。
④ 韩策、崔学森整理，王晓秋审订：《汪荣宝日记》，中华书局2013年版，第335—336页。
⑤ 萧一山编：《清代通史》（四），华东师范大学出版社2006年版，第1075—1076页。

议中, 老亲王充当了退位的辩护人。"① 据俄国驻北京代理公使世清致俄外务大臣沙查诺夫的电报, 1月17日隆裕太后举行御前会议, "与会者有七名皇室亲贵和七名蒙古王公, 皇帝的一位至亲庆亲王指出, 经费和军需匮缺。他坚决主张在民军方面应允 '保护皇族动产和不动产、保护宗庙、妥修德宗崇陵等条件下清帝退位'"。② 然而, 蒙古王公那彦图提出异议, 认为革命军的保证不可信, "他是主战的"。③ 在这种争论不休的情况下, 奕劻主张 "'议事不可争执, 况事体重大, 我辈亦不敢决, 应请旨办理'。言讫, 即立起, 群臣和之, 遂罢"。④

18日, 隆裕太后召开第二次御前会议。"奕劻仍执前意, 并将密定之优待条件提出, 蒙古王公反对更烈, 亲贵中或意气沮丧, 或稍活动, 仍无结果而散。"⑤

19日, 隆裕太后召开第三次御前会议。奕劻请假未经与议, 但一改主张清帝逊位的立场, "亦不敢主张"。⑥ "据说, 庆邸不至, 系为宗社党人所挟持。"⑦ 18日会后, "良弼等即结合同志三十余人, 齐赴庆王府, 包围奕劻, 表示激烈"。⑧ 俄国代理公使世清在一份电报中称, 他已获悉, "禁卫军军官代表曾去见庆亲王, 并 '以死相威胁', 迫使庆亲王在1月19日御前会议上放弃原声明而主张君宪"。⑨ 1月19日, 日本驻

① 《法国外交部档案·1911年1月22日的形势》, 章开沅、罗福惠、严昌洪主编: 《辛亥革命史资料新编》第7卷, 湖北人民出版社2006年版, 第405页。

② 陈春华、郭兴仁、王远大译: 《俄国外交文书选译 (有关中国部分·1911.5—1912.5)》, 中华书局1988年版, 第256页。

③ [澳] 骆惠敏编, 刘桂梁等译: 《清末民初政情内幕》(上册), 知识出版社1986年版, 第838页。

④ 溥伟: 《让国御前会议日记》, 中国近代史资料丛刊《辛亥革命》(八), 上海人民出版社2000年版, 第112页。

⑤ 萧一山编: 《清代通史》(四), 华东师范大学出版社2006年版, 第1076页。

⑥ 许恪儒整理: 《许宝蘅日记》第1册, 中华书局2010年版, 第390页。

⑦ 张国淦: 《辛亥革命史料》, 香港大东图书公司1980年印行, 第309页。

⑧ 萧一山编: 《清代通史》(四), 华东师范大学出版社2006年版, 第1076页。

⑨ 陈春华、郭兴仁、王远大译: 《俄国外交文书选译 (有关中国部分·1911.5—1912.5)》, 中华书局1988年版, 第267页。

华公使馆参赞水野幸吉在致莫理循的函件中也称："庆亲王出乎意料地突然改变了态度,变得拥护君主立宪。这显然是因为昨天晚上禁卫军的代表对亲王殿下进行了恫吓性的访问。"① 在此次会议上,溥伟、那彦图、善耆都表示主战。隆裕向溥伟等人称："我何尝要共和,都是奕劻同袁世凯说,革命党太厉害,我们没枪炮,没军饷,万不能打仗。我说可否求外国人帮助,他说等奴才同外国人说看。过二天,奕劻说:外国人再三不肯,经奴才尽力说,他们始谓:革命党本是好百姓,因为改良政治,才用兵,如要我们帮忙,必使摄政王退位。你们问载沣,是否这样说。"溥伟对曰:"既是奕劻这样说,现在载沣已然退政,外国何以仍不帮忙,显系奕劻欺罔。"那彦图奏曰:"既是太后知道如此,求嗣后不要再信他言。"但是,正如载沣所言:"这两日来不知是怎样运动,老庆依然入朝,太后意思也颇活动,奈何奈何!"②

20日,隆裕太后召开第四次御前会议。在这次会议上,民政大臣赵秉钧、外交大臣胡惟德、邮传大臣梁士诒等合词言本非主持共和,特恐人心已去,君主终难保耳。乃请将北京君主政府,与南京临时政府同时撤销,另设立统一政府之议案提出,遭到满蒙王公亲贵强烈反对。在这次会议上,因"京中有人布散传单,竭力反对,并痛诋庆邸,故庆邸不甚发言"。③ 会议又无结果而散。

21日,隆裕太后召见奕劻、载沣,奕劻于八时呈递假牌请假,载沣以奕劻不应召,亦于中途折回。"逊国问题,以种种阻碍,急切颇不能解决。"④

22日,隆裕太后召开第五次御前会议。"奕劻未到,余则赞成君宪

---

① 〔澳〕骆惠敏编,刘桂梁等译:《清末民初政情内幕》(上册),知识出版社1986年版,第839页。
② 溥伟:《让国御前会议日记》,中国近代史资料丛刊《辛亥革命》(八),上海人民出版社2000年版,第112—113、115页。
③ 韩策、崔学森整理,王晓秋审订:《汪荣宝日记》,中华书局2013年版,第335页。
④ 韩策、崔学森整理,王晓秋审订:《汪荣宝日记》,中华书局2013年版,第335页。

者,十居其九。溥伟更力谏太后,勿为外人所惑。太后曰:'吾以逊位之事,非常重大,是以商之尔等,既均不赞成,吾又焉敢擅专?'言毕大哭。诸亲贵亦唏嘘不置。"①"皇位退让之议,闻袁世凯将始终不列席。"会后,隆裕太后命奕劻、载沣前往征询袁世凯的意见,"袁谓:'此事非阁臣所敢擅拟,请各王公自决'"。②

从19日起,因宗社党激烈反对,奕劻干脆托病不出,但这不能说他从此改变了以清帝逊位来换取保存清室的主张,实际上,以退为进是他惯用的招数,他在暗中从未停止说服隆裕太后的工作。皇室去向大计,仍"第视庆意如何耳"。③据亲贵载润回忆,奕劻极力渲染革命党军队力量之强大,清廷无力抵挡,这当然对隆裕太后产生了影响。载润说:"奕劻内阁总辞职后,袁世凯内阁成立,将与革命军议和。时奕劻家居托病不出。载沣曾多次派王公、贝勒至其家敦请(我亦被派),始勉强进内应隆裕之召对。进内时即对大众声言:'革命军队已有五万之众,我军前敌将士皆无战意。'旋至听候召对室,又复申前言说:'革命党已有六万之众,势难与战。'当时那彦图闻而嘲笑之说:'数分钟内,革命党军队又增加了一万人之众,何其如此之速耶!'当时隆裕经奕劻如此说法,遂亦表示倾向议和。"④

在主战派占上风的亲贵会议召开后不久,26日,坚决反对逊位的宗社党首领良弼被革命党人彭家珍炸伤,旋即死去,主战的清室亲贵纷纷离京躲难于天津、大连、青岛等地,隆裕太后彻底绝望,当着国务大臣掩面而泣曰:"梁士诒啊!赵秉钧啊!胡惟德啊!我母子二人性命,都在你们三人手中,你们回去好好对袁世凯说,务要保全我们母子

---

① 萧一山编:《清代通史》(四),华东师范大学出版社2006年版,第1076—1077页。
② 劳祖德整理:《郑孝胥日记》第3册,中华书局1993年版,第1386页。
③ 韩策、崔学森整理,王晓秋审订:《汪荣宝日记》,中华书局2013年版,第336页。
④ 载润:《有关奕劻的见闻》,《辛亥革命回忆录》第6册,中华书局1963年版,第465—466页。

二人性命。"①

27日，在袁世凯的授意下，由段祺瑞领衔，各军将领47人通电要求共和。②

28日，清政府"又接晋省文武电奏请逊位"。③

29日，袁世凯上奏折促清帝逊位，曰："近议国体一事，已由皇族王公讨论多日，当有决定办法。臣职司行政，惟尊朝旨。"④

30日，提心吊胆的隆裕太后召开最后一次御前会议，在这次会议上，被吓破了胆的诸王公亲贵均表示主和，不再反对共和，一致同意奕劻"官军既无斗志，不若逊位全忠，犹得待遇"⑤的主张，这样，便有了2月3日隆裕太后所下的"着授袁世凯以全权，研究一切办法，先行迅速与民军商酌条件"⑥的谕旨。至此，清廷彻底将自己的命运交给了袁世凯。

最终，利用北洋军的实力、列强与立宪派的支持、革命党的弱点及自己的资望，袁世凯迫使孙中山同意让出大总统的职位，袁则同意宣布赞成共和，并逼清帝退位。2月12日，清帝颁布逊位诏书。袁世凯与奕劻所演的双簧戏至此成功。

历史就是这样经常开些幽默的玩笑。袁世凯本是奕劻在清廷危难之际搬出来的"救世主"，然而，这个"救世主"却违背老朋友的心愿，非但没有尽力帮助老朋友，反而在关键时刻擅用清王朝做筹码，让自己坐上了最高权力的宝座，致使奕劻当初担保袁"不会有问题"的保证落了空。虽然清室得以保全，但这并不能让奕劻感到些许欣慰。

① 凤冈及门弟子编：《三水梁燕孙先生年谱》（上册），1946年印，第111页。

② 1912年1月31日，张作霖与日本驻奉天总领事会晤时言称："北方将士之所以上奏表示赞成共和，乃袁世凯从中玩弄小手段所致。"〔《落合驻奉天总领事致内田外务大臣电》（第68号），邹念之编译：《日本外交文书选译——关于辛亥革命》，中国社会科学出版社1980年版，第74页。〕

③ 许恪儒整理：《许宝蘅日记》第1册，中华书局2010年版，第391页。

④ 韩作：《袁世凯评传》，（台北）东西文化事业出版有限公司1999年版，第132页。

⑤ 朱诚如主编：《清朝通史》第13卷，光绪宣统朝，紫禁城出版社2003年版，第744页。

⑥ 张国淦：《辛亥革命史料》，香港大东图书公司1980年印行，第311页。

他既然以自己所犯的错误让他赖以生存的王朝画上了句号，也就从此为自己这个官场不倒翁画上了一个圆圆的落寞的句号。

第四章

贪墨误国

袁慰亭只认得荣仲华，瞧不起咱们的。

——奕劻

袁世凯与庆亲王

当奕劻成为首席军机大臣大权在握后，在晚清腐败的环境下，在众多贿赂者的狂轰滥炸下，他迅速地走上了堕落之路。奕劻与袁世凯的结党，开始就是以金钱为桥梁进行的。

光绪二十七年（1901年），袁世凯被清政府任命为直隶总督、北洋大臣，成为晚清地方督抚中的领袖人物。

吴虬在《北洋派之起源及其崩溃》中说：袁世凯集团"惟自创生以迄溃败，亘延二十余年，绝非偶然事实……但物竞天择，惟适者存，北洋派之兴，必有适于生存之环境，北洋派之败，必有不适于生存之环境"。①

袁世凯集团何以能强有力地崛起？其原因纷繁复杂，但其中有一点可以肯定，就是它的崛起绝不是偶然的。

大致说来，决定这一集团产生与发展的主客观因素有六：

1. 西方列强的侵略和太平天国的打击，导致清王朝的经制之师——八旗兵和绿营兵的败落。

2. 在安内攘外的过程中，曾国藩、李鸿章等汉人地方集团的崛起，改变了大清王朝二百余年的基本政治结构，中央与地方的权力平衡被打破，军事政治权力下移到地方督抚的手中；"千古变局"出现，皇权

---

① 吴虬：《北洋派之起源及其崩溃》，《近代稗海》第6辑，四川人民出版社1987年版，第282页。

危机陡增。

3. 在中日甲午战争中，淮军瓦解，亟需一支新的武装力量来维护清王朝的统治。

4. 甲午战后，淮系集团支撑清王朝大厦的时代结束。清朝政坛出现了一个相对的真空地带，需要新的政治势力来填充。

5. 清末官场腐败，掌权人物腐化，给北洋系发展私人势力提供了契机。

6. 在淮系崩溃以后，以袁世凯为领袖的北洋集团崛起，而不是以其他什么人为领袖的什么集团崛起，这与袁世凯自身的才干和作用密不可分。

中国人民大学清史研究所教授戴逸说过："袁世凯不同于其他封建官僚，他注视着历史潮流的趋势，善于利用刚刚在中国生长的新的军事、经济因素，来加强自己的实力，提高自己的威望，因而他在同侪中胜人一头，能够攀登到权力的顶峰。"[1]

读袁世凯的奏疏、信札和有关袁世凯的传记，给人这样一个强烈的感觉，即袁世凯的抱负确实很大。

对袁世凯十分了解的荣禄就曾指出："此人有大志，吾在，尚可驾驭之，然异日终当出人头地。"[2]

正因为袁世凯有这样的抱负和雄心，他才能在以后的几十年中，攻坚挫锐，克服困难，逐渐实现了到达权力顶峰的目标。

可以说，在清末十年中，袁的头脑、"办事精力和机变手腕"[3]确实是同期其他大官僚所罕能与匹。在权力角逐的斗争中，袁世凯早就掌握了一支新的具有战斗力的"新建陆军"；他有编练新军的经验；他

---

① 侯宜杰：《袁世凯评传》序言，河南教育出版社1986年版。
② 郭则沄：《南屋述闻》卷2，《落日残照紫禁城》，四川人民出版社1999年版，第39页。
③ ［美］拉尔夫·尔·鲍威尔著，陈泽宪、陈霞飞译：《1895—1912年中国军事力量的兴起》，《中华民国史资料丛稿》译稿，第1辑，中华书局1978年版，第152页。

有善于结交权贵和寻找靠山的能力；他得到了中外势力的支持。所有这一切都助长了北洋集团的迅速滋长与壮大，并最终利用辛亥革命之机夺取了全国政权，从而实现了从一隅走向全国、从地方走向中央的雄心与目标。

话虽这样说，但是在现实世界中操作起来，则往往是步步荆棘，困难重重。清末袁世凯集团所以能够迅速膨胀起来，确与政府领袖奕劻的保驾护航有很大的关系。

早在小站练兵之前，袁世凯就以金钱孝敬荣禄，受到荣禄的提拔和庇护。在谄事荣禄的同时，袁世凯对庆亲王奕劻也经常馈赠，但不如供奉荣禄耳，这曾使得奕劻既嫉妒又不满意。

袁世凯对于宫廷的供奉，可谓无微不至。早在两宫逃亡之时，他就率先敬献贡品，输送银两，为各省督抚之冠。光绪二十六年八月初五日（1900年8月29日）送上白银26万两。两天后，即八月初七日（8月31日），又进献中秋贡品一大批，除博粉、恩面、凤尾菜、各项羊皮外，还有绸缎160匹，袍褂料40套。不仅如此，他还把民绅募捐救灾的款子不讲来历用途，也一并呈送慈禧太后，并且建议慈禧太后向行在所在地山西富户借贷。他又电告各省督抚，请求他们赶紧将应该解送的京饷，尽快押赴行在，俨然以清廷的"粮台"自任。在任北洋大臣期间，袁世凯除照例进献金钱外，还通过贿赂宫内太监头目李莲英等了解了慈禧太后嗜好所在，诸如慈禧太后不喜欢中国古董，喜欢西洋玩意儿等等。所以宫中第一辆自行车，第一辆汽车，都是袁世凯进贡给慈禧太后的。在金钱的作用下，天津直隶总督署的电话可直达京师大内总管太监处，凡宫中一言一行，顷刻传于津沽，朝廷之喜怒威福，悉为袁世凯所揣测，他因此能够轻易地迎合流弊，取悦慈禧太后。有一次，慈禧太后偶然说翠饰以菠菜绿镯最佳，李莲英立刻将此消息告诉了袁世凯。袁世凯遂购入一副敬献，色泽甚嘉，慈禧太后知是袁世凯所献,偶于召对之余提及,颇加奖许。

为了贿赂朝中权贵,袁世凯甚至还和北洋某些大员和商人集资在北京开办了"临记洋行",它的经理是直隶巡警道杨以德之弟杨以俭。"临记洋行"设在西交民巷东路北。这个洋行的重要"买卖",就是在进行贸易的幌子下,专门作为袁世凯集团联络走动北京权贵的机关。洋行每日与奕劻王府、皇宫内监、权贵通电话,报告有何种新货到行,征询有无购买之意,见机行事,为袁等北洋人物办理贿赂事宜。

通过金钱途径,袁世凯陆续使领班军机大臣奕劻,内阁协理大臣那桐,总管内务府大臣世续、荫昌,太监总管李莲英、崔玉贵、张兰德、马宾廷等清廷内部的重要角色都纳入到北洋集团的奥援范围内,形成了"太后方向用,亲贵与交欢"的极不正常的局面。

庆亲王奕劻与袁世凯的深相接纳是从光绪二十九年(1903年)开始的。初期结纳的方式也免不了晚清官场上的那一种俗套,即以金钱为桥梁,以利益为动力。

在晚清社会,没有现代意义上的法制和规章,儒家的道德已经不起作用,新的官场道德理念还没有树立起来。一切作为,都要靠所谓的人情和关系。当时,官场的腐败现象日趋表面化,卖官鬻爵、行贿受贿屡见不鲜,"银子铺路"已成为官场进取者必具的法宝。袁世凯统帅军队,靠的是私恩而非近代民族精神为凝聚力。同样,他搞政治,也是在交际请客、联络结纳和奔走趋奉上下功夫。他无意在世风日下吏治腐败的社会中扮演自命清高一介不取的角色,而恰是在这样一个腐败的社会中,一个道德上的宵小之辈才能够在历次政海波澜之中事着先鞭,摇而不坠。袁世凯在早期实践中早已掌握了这种生存技能。他深知,在当时腐败不可救药的官场,权力往往同各种利益粘连在一起,有权力即有金钱,利用金钱又可以换取更大的权力。因此,在发挥"金钱效应"上,袁世凯无所不用其极。胡思敬是与袁世凯同时代的一位官僚,曾任御史。他在《大盗窃国记》一书中,在述及袁世凯为人豪爽、慷慨大方时就说过:"世凯生平,滥交污取,俯视一切,不问家人生产。自其少时,即好为游荡。偶得数金,辄呼朋饮酒,顷刻而尽。后既得位,益顾盼恣睢,有炙手可热之势。每幸一姬,辄有犒赏。宴客常备珍馐,杂以西餐,一席之费,不减中人十家之产……其横绝古今,为诸奸所不及者,敢于用财,视黄金直如土块……名利为天下所争趋,故小人皆乐为效。"[1]奕劻虽位贵为王爷,权重为领班军机大臣、内阁总理大臣、练兵大臣,但既然不能免"名利"之俗,在利益面前为之"争趋",自然就不能不最终成为袁世凯夹袋中的一个重要人物,不能不为其所驱使。

关于袁世凯用金钱运动交结奕劻一事,胡思敬曾经感慨万千。

胡思敬说:"奕劻初入政府,方窘乏不能自舒,世凯进贿动辄三四十万。"这就是说,依靠袁世凯的贡献,贵为首席军机大臣的奕劻才过上了真正的王公贵族的那种排场奢侈的享乐生活。

刘厚生在《张謇传记》中说:

> 光绪二十九年癸卯以前,袁世凯所最注意的,仅仅是一个荣禄。其时庆王(指奕劻)为外务部领袖,亦居重要地位,而世凯之所馈赠,并不能满庆王之欲。庆王曾对人发牢骚说:"袁慰亭(袁世凯字慰亭)只认得荣仲华(荣禄),瞧不起咱们的。"但荣禄自辛丑回銮之后,体弱多病,时常请假,后因久病,竟不能入值,屡次奏请开缺,而那拉氏(慈禧太后)不许。但照病势推算,恐怕不能久于人世。于是庆王有入军机的消息,为袁世凯所闻,即派其办事能手杨士琦赍银十万两送给庆王。庆王见了十万两银子的一张银号的票子,初疑为眼花,仔细一看,可不是十万两吗?就对杨

---

① 胡思敬:《退庐全集》,沈云龙主编:《近代中国史料丛刊》第45辑,(台北)文海出版社影印本,第1356页。

士琦说:"慰亭太费事了,我怎么能收他的?"杨士琦回答得很巧妙,他说:"袁宫保(指袁世凯)知道王爷不久必入军机,在军机处办事的人,每天都得进宫侍候老佛爷,而老佛爷左右许多太监们,一定向王爷道喜讨赏,这一笔费用,也就可观。所以,这些微数目,不过作为王爷到任时零用而已,以后还得特别报效。"庆王听了就不再客气。不多几时,荣禄死了,庆王继任。入军机之后,杨士琦话说的并不含糊,月有月规,节有节规,年有年规,遇有庆王及福晋(满语称夫人为福晋)的生日,唱戏请客及一切费用,甚至庆王的儿子成婚,格格出嫁,庆王的孙子弥月周岁,所需开支,都由预先布置,不费王府一钱。那就完全依照外省的首府、首县伺候督抚的办法,而又过之。①

袁世凯先后向奕劻行贿多少,这是无法统计的。但有一点是可以肯定的,即袁世凯向奕劻行贿的数目是极为巨大的。奕劻代替荣禄主持军机仅一年,就发生了御史蒋式瑆弹劾奕劻汇丰银行存款案。此案说明了奕劻受贿数额的巨大,也说明了袁世凯的出手大方。

以金钱为桥梁,袁世凯打通了奕劻这一中央政府的领衔人物的门路。他在奕劻身上下注的巨额本钱,不久即得到了相应的回报。"遇事则袁谋于外,庆应于内。庆于袁之谋猷筹画,无不言听计从。"②

由于被袁世凯用金钱所收买,奕劻对袁世凯是有求必应,言听计从,几近傀儡。袁世凯向奕劻推荐的人大都得到了重用。有时,奕劻甚至主动让袁世凯推荐人才。

刘厚生在《张謇传记》中说:"弄到后来,庆王遇有重要事件,及简放外省督抚、藩臬,必先就商于世凯,表面上说请他保举人材,实际

① 刘厚生:《张謇传记》,上海书店 1985 年影印本,第 127—128 页。
② [日]佐藤铁治郎:《一个日本记者笔下的袁世凯》,天津古籍出版社 2005 年版,第 185 页。

上就是银子在那里说话而已。"①

《凌霄一士随笔》这样记载：

> 西后唯一宠臣荣禄死后,奕劻代为军机领袖,权势日盛。其人庸碌而好货,袁世凯倾心结纳,馈遗甚丰,并与其子载振结昆弟交,奕劻奉为谋主,甘居傀儡。庆、袁之交既固,世凯遂遥制朝政,为有清一代权力最伟之直隶总督焉。东三省实行省制,主之者世凯,意在扩张势力,所谓大北洋主义也。丁未(1907年)三月,徐世昌简东三省总督,并授为钦差大臣,兼三省将军,地位冠于各督。奉、吉、黑三省巡抚则唐绍仪、朱家宝、段芝贵。四人皆出袁荐,东陲天府,悉为北洋附庸,固见世凯后眷之隆。而奕劻之为袁尽力,自尤匪鲜。②

胡思敬在《国闻备乘》中不无嫉恨地指出：

> 光绪末年,小人阶之以取富贵者,捷径有二：一曰商部,载振(通过奕劻)主之,一曰北洋,袁世凯主之。皆内因奕劻而借二杨(指杨士骧、杨士琦)为交通枢纽。③

在金钱力量的驱动下,奕劻完全为袁世凯所利用。由于只要袁世凯向奕劻推荐,就可以被提拔与重用,所以,一时间依附于袁世凯者门庭若市。袁世凯为了扩大自己的团体势力,对前来投靠者一概结纳。这是清末袁世凯势力能够迅速膨胀起来的一个重要因素。

也许在奕劻看来,他与袁世凯的权钱交易还是很成功的。

毕竟,奕劻早年家境贫寒,过怕了受穷的日子。入主军机成为政府领袖后,奕劻在袁世凯支持下才迅速过上了真正王公贵族的享乐生

---

① 刘厚生：《张謇传记》,上海书店 1985 年影印本, 第 128 页。
② 徐凌霄、徐一士：《凌霄一士随笔》(二),山西古籍出版社 1997 年版, 第 576—577 页。
③ 胡思敬：《国闻备乘》卷 3,《近代稗海》第 1 辑,四川人民出版社 1985 年版, 第 269 页。

活。尽管有人骂他是第二个和珅，但他心中有数，这叫相互利用，依然笑骂您自管笑骂，金银我照样按单全收，我行我素，乐此不疲。

奕劻至少在下列五个方面帮了袁世凯的大忙：

1. 对袁世凯安插亲信言听计从。结果清亡前夕，从中央到地方的军政重要职位上，遍布了袁世凯集团的大大小小的网络。这是造成后来袁世凯力量尾大不掉的一个重要原因。

2. 倾全国财力支持袁世凯练军办校，造成了国家之兵为将有、将为袁有的局面。

3. 与袁世凯联手，搞掉了一心保护大清江山的后清流势力如瞿鸿禨、岑春煊等。

4. 宣统初年，以害怕北洋军起来造反为由，软中带硬地反对摄政王载沣杀掉袁世凯。

5. 武昌起义发生后，全力说服清室让袁世凯出山收拾时局，甚至不惜把自己的内阁总理大臣的位置让给袁世凯。

为了自己的贪欲，他满足了袁世凯的一切要求。结果，袁世凯军政大权到手后，立即将孤儿寡母玩于股掌，逼清帝退位，最终取清室以自代。

大清社稷这棵老树虽然已经经历二百六十余年的风雨，外烂内空，但毕竟百足之虫，死而不僵。死树不倒，猢狲就不散。如今，奕劻帮助袁世凯推倒了这棵可以使自己乘凉纳福的大树，树倒猢狲散，奕劻这只老猢狲也只好流落荒原，成了一只无人用、无人理的癞皮狗了。此时，他才知到自己是搬起石头砸了自己的脚，才知到自己永远失去了王爷的荣耀与政府领袖的高贵。直到这个时候，这位可爱的王爷，才终于有了一点点的反思与觉悟。只是，时移世易，世上没有后悔药可吃呀！

老庆记公司

奕劻为人贪鄙，部分由其青少年时贫苦的生活环境所营造，部分是其人性深处贪婪的阴暗面遇到合适环境被放飞出来的结果。

也许，在奕劻的眼中，做官从政，不过是利用权力换取钱财、换取富贵的一种手段，是一种最合算、最聪明的经营方式。他的眼中，没有国家，只有自己的小家；他的心中，没有一般士人治国平天下的抱负，唯有做个富家翁，让其家族迅速发达富裕起来的愿望。这些，既是他当权后一手给大清帝国制造出潘多拉盒子的内在根源，也成为他晚年不幸生活的重要根源。

许指严在《十叶野闻》一书中说道：

> 庆王奕劻之贪婪庸恶，世皆知之，其卖官鬻爵之夥，至于不可胜数。人以其门如市也，戏称之曰老庆记公司。上海各新闻纸之牍尾，无不以此为滑稽好题目，盖前此之亲王贝勒入军机当国者，未尝有赃污贪墨如此之甚者也。

> 初，庆王以辛丑和议成，大受慈眷，然实李文忠（指李鸿章）未竟之功，而王文韶为之助成，庆王可谓贪天之功矣。顾荣禄未死以前，庆王实绝无议政权。及荣禄死，太后环顾满人中，资格无出庆右者，遂命领袖军机，实则太后亦稔知庆之昏庸，远不及荣禄也。[①]

奕劻交人，以所奉钱财多寡为亲疏远近的标准。这在当时，已经成为人们时时谈论的话题。

英国驻重庆代理领事布朗在一封信中就提到："庆亲王对于钱财的欲望是没有止境的，除非首先付钱给他，任何事情都不可能办

① 许指严:《十叶野闻》,《民国笔记小说大观》第 1 辑,山西古籍出版社 1995 年版,第 242 页。

成。"①

据史料记载,奕劻成为政府领袖后,逐渐公开索贿。无钱进不了庆王府。这由庆王府门房猖狂索要门包一事即可窥斑见豹。

据说,两宫回銮后不久,在慈禧太后西逃途中护驾有功,时任山西巡抚的岑春煊进京觐见,大礼完毕,慈禧太后垂询,问岑春煊任上可好,路上可安宁。岑春煊作答之后,太后又问,进京后见过庆亲王否?接着嘱咐岑春煊:"尔等同受倚重,宜和衷共济,何不往谒一谈。"不料,岑春煊直人快语:"彼处例索门包,臣无钱备此,纵有钱亦不能作如此用也。"此话一出,慈禧太后哑然,因为庆王府收门包的事,她亦有耳闻,只是没料到竟连朝廷大员也躲不过这一劫。

鉴于岑春煊在老佛爷面前所告御状,奕劻赶忙吩咐庆王府长史在大门上贴出一纸文告,文告宣称:奉庆亲王手谕,严禁收取门包,违者必当严办,绝不姑息。

文告刚一贴出,刚巧江西提学使林大人又来拜会。这位提学大人已经来过三趟,都被拦在门外。前两趟门房告知"王爷不在",林提学反驳:"我刚刚眼见王爷进府,何言王爷不在?"门房从容对答:"王爷进门时吩咐今天不见客,故告诉你王爷不在,这是怕伤了你的面子。"第三趟再来,几近哀求,对门房说:"诸军机大臣均已拜谒,只待当面向庆亲王叩个头,就可起程上任了。"

门房见他言辞恳切,才肯明言点拨:"要见王爷并不难,只要您出门包,我就给您回禀。"可叹这位林大人在京耽搁日久,盘缠几尽,囊中羞涩。林提学不顾面子,道出实言。不料门房也实话实说:"这是庆王府多年的规矩,总督、巡抚来了全这么办,总不能为您这五品官坏了规矩吧。"

① 胡滨译:《英国蓝皮书有关辛亥革命资料选译》(上册),中华书局 1984 年版,第 10 页。

无奈之下，这位林大人只好找在京同乡筹借金钱，这才怀揣"门包"再返庆王府。

林大人抬头见到文告，心中暗自庆幸，以为这笔钱可以省下了。然而依然被挡驾，门房对林提学说："您都来了三回了，怎还这么木？"林提学闻言不悦，指着文告斥责门房："王爷已有严令，你们怎敢抗命不遵！"门房听到斥责满脸堆笑，道出几句让林提学惊奇不已的话："王爷呢，话不能不这么说；林大人您呢，这笔钱却不能不花；奴才们呢，更不能不收。这点道理，您咋都掰扯不清？"

正在无奈之际，林提学的世侄徐世昌出现在面前，徐世昌问清缘由，然后请林提学随他入府，门房方知趣闪开，林提学大人终于破了规矩没掏门包就进了庆王府。门房何以前倨后恭？原来徐世昌不是外省的督抚，而是当红的军机大臣，登庆王府不是求庆王办事，而是要与庆王商量事情，门房不敢不给面子。

据有人考证，门包是晚清时期贿赂官员、上司的第一道门坎。若不递上门包，一句"老爷不在"、"老爷不见客"的搪塞，让你连冷板凳都坐不上。这考证一针见血，极有见地。然而不要以为门房可恶，主人并不知情，其实，门房所为是主人默许，门房索要门包起到的暗示作用，对主人至关重要，拜谒者从递门包始，就被深刻暗示"钱多办大事，钱少办小事，没钱办不了事"。

另外，门房索要的门包归入谁的囊中？不见考证却可想而知，为保住收取门包的肥差，门房必得往上打点，门包的收入绝不会尽为门房所独吞。至于门包的多少，随府宅不同各有高低，进庆亲王府的门包有70两白银的传说。这70两白银相当于今天的多少钱不好推算，但在当时够寻常五口之家一年的开销。①

---

① 龙翔、泉明：《最后的皇族——大清十二家"铁帽子王"轶事》，北京大学出版社 2011 年版，第 217—218 页。

庆王府的"门包",即是晚清时期官场腐败的一个缩影,更是清王朝已经腐败到了极点的一个典型写照。看门的奴才都敢公然对有身份的官员如此霸道,这个社会还能谈什么公平?清室之亡由此看来也是必然结果。

光绪三十四年(1908年),奕劻七十诞辰,大开祝典,他更是把进财纳贿之举演到了一个高潮。

大清帝国政府领袖的生日,自然是各省乃至京师那些拼命想做官、升官或者力图保全职位的官员们攀缘交结的重要机会。各省督抚、藩臬,京师中的尚书、侍郎以及其他一些有着不可告人目的之势利小人都开始行动起来。一时间,各地进献者络绎于道,庆王府门前车水马龙,列起了长阵,组成了一道行贿纳贿的灰色风景线。

为了掩人耳目,明地里,奕劻告诫家人勿收礼物,但暗地里却令属下做四个册籍,将送礼者按众寡厚薄分为四级。一级记入福字册,凡现金万金以上及礼物值3万金以上者登记入册,另存其名手折中。二级禄字册,凡现金5000金以上及礼物值万金以上者登记在册。三级寿字册,凡千金以上及礼物值3000金以上者,记入此册。四级喜字册,凡现金百金以上及礼物值数百金者记入此册。同是送礼者,大小多少不拒,物不满百金者列为一册,寿言、诗文、屏障、楹联,也列册记之。这一次七十寿诞,奕劻所得现金达50万两白银之多,礼物价值更在百万以上,成为了一个名副其实凭借权势招财进宝的老庆记公司。

在这次生日祝寿中,有一个趣闻迅速传遍了京师的大街小巷,让人们对奕劻更加不齿,也让庆亲王为言官们追杀责骂,差一点陷入了进退维谷的地步。

原来,有一广东富人,久已垂涎于海关道一职。"其家人妇子之见地,俱以海关为有名誉之官缺,苟得之,胜于其他长官百倍。"①因此,这个富家翁听说庆王好货贪财,立刻拿20万两白银入京,先以10万为寿礼送往庆王府。于是,庆王的福字册上,此翁竟赫然名列榜首。干儿陈夔龙原已进银6万,听说此事,亟补送4万,但已经晚了火候。奕劻生日那一天,请福字册众人吃宴,此默默无闻之富家翁竟然被奉为上宾,与朝中官宦、各地督抚重臣欢饮一席,而同僚们却无一人相识相知此人情况。此事一时哗然,迅速传遍了京师,成为街头巷尾、衙门、店铺一等新闻话题。

不半月,那位从广东远道而来统共敬献白银13万两的广东富绅就得到了巨额的回报,"某果得瓯海关道"。他到庆王府拜谒辞行时,王府长史亲自指点他前往海淀四留堂。四留堂是奕劻的别墅,离颐和园不远,建这所别墅是为应对"叫起儿"。"叫起儿"的原意是早早起身上早朝,后来含义扩大,就是随时听朝廷传唤。当时,老佛爷就是朝廷,老佛爷住皇宫,朝廷就在皇宫;老佛爷住颐和园,朝廷就在颐和园。为伺候老佛爷"叫起儿",军机大臣们都在海淀一带有宅院。只不过庆亲王奕劻的宅院奢华、宽阔,又有四留堂的雅称,所以与众不同,一般客人无法享受到如此的上等礼节。

说起庆王府"四留"的来历,还有一则故事。

"四留"原是永璘为后人撰写的家训。原文是:"留有余不尽之禄以还朝廷;留有余不尽之财以遗百姓;留有余不尽之巧以还造化;留有余不尽之书以传子孙。"奕劻是永璘的嫡孙,以祖父之训命为别墅之名当然无可厚非。但四留堂内买官卖官,当面论价,如此不堪的场景,就不知让九泉之下的永璘作何感受了。

言归正传,在四留堂的客厅内,当奕劻接过广东富佬拜谒辞行送

---

① 许指严:《十叶野闻》,《民国笔记小说大观》第1辑,山西古籍出版社1995年版,第245页。

上的拐杖时,心中十分不悦。因为这拐杖是地道的四川邛州方竹杖,虽为上品,但很难餍足这位早已贪得无厌的首席军机。区区一根拐杖也能算作礼品?莫非眼前之人过河拆桥?奕劻的疑惑和不快形之于色。这位即将上任的海关道却犹如不知,他上前悄声道:此杖"可以扶老,以为纪念","特置三万两银票于杖中,不成敬意,请王爷笑纳,莫嫌菲薄"。闻听此言,庆亲王转怒为喜,连说:"不嫌,不嫌。"待那位广东海关道起身告辞,奕劻竟破天荒地起身相送直到门外,回至客厅,他一边把玩方竹杖一边自言自语:"此诚可儿也。"①

晚清官场腐败,不是从庆亲王奕劻才开始的,但奕劻身为大清国的政府领袖,却公然贪墨毫无顾忌,致使上门送贿者门庭若市,对清末官场进一步腐败无疑起了推波助澜的作用,只就这一点,奕劻的误国之罪名就足以遗臭万年。

杨翠喜事件

杨翠喜事件是光绪三十二年(1906年),军机大臣瞿鸿机等人利用奕劻长子载振宠纳天津著名戏子杨翠喜而指使御史指控所引发的一桩晚清官场上著名的丑闻大参案。参劾的对象不仅有庆王奕劻的儿子载振,奕劻也被论劾收受段芝贵的巨额贿赂,使之出任黑龙江巡抚。

载振,字育周,是庆亲王奕劻心目中认为最妥帖的家族接班人。

载振本人长得很英俊,人也聪明。

庚子回銮以后,慈禧太后总结教训,注意从宗室中挑选、培养和历练一批亲贵子弟,载振就是要培养的重点对象之一。

---

① 许指严:《十叶野闻》,《民国笔记小说大观》第1辑,山西古籍出版社1995年版,第245—246页。

光绪二十八年（1902年），英国维多利亚女王去世，新王乔治继位，26岁的载振以贝子头衔被慈禧派为出席英王加冕典礼的专使，并访问法、比、美、日四国，为时近半年，是最早出洋游历的皇室宗亲成员之一。

载振回国后，慈禧颇为宠信与重用。短短时间内，就任命他为镶蓝旗汉军都统、御前大臣，管理火器营、正红旗都统等职。

光绪三十二年（1906年），清政府进行官制改革，慈禧太后又任命载振出任新组建的农工商部的尚书。这一年，载振年仅30岁。

但是，出生在钟鸣鼎食之家的载振，一身纨绔膏粱习气。

载振上任农工商部尚书，忝列政府阁员之初，仍然不改其花花公子的习气，"微服，乘小车出游西城，征歌赌酒，往往通宵达旦"，为此没少了被御史们弹劾。

光绪三十三年（1907年），奕劻政敌岑春煊入京，力图扳倒奕劻。载振在这个重要的节骨眼上却不收敛其纨绔本性，接受天津道员段芝贵为他献上的女优杨翠喜。

蒋瑞藻《小说考证续编》卷四《杨白花》一则内，引《菊影钱》所记，述杨翠喜与丁未参案之始末云：

> 以一女优，而于一代兴亡史上居然占有位置，而牵动一时之政局者，当数杨翠喜矣。杨翠喜者，直隶通州人，幼以贫窭，鬻于陈姓，展转之津门，遂堕乐籍，其假母曰杨李氏。翠喜善淫靡哀艳之曲，出其技，在侯家后协盛茶园演剧。尝一至哈尔滨，继反津，构香巢于河北，受大观园、天仙园之聘，声价重一时，为富商王益孙、道员段芝贵所赏。会贝子载振奉节东省归，道出津沽，置酒高会，一见翠喜，倾倒不置。段方有求于贝子，乃托王益孙名，以万金购翠喜为使女，即车送之京，进之贝子，翠喜则年十九矣。无何，段芝贵以道员授黑龙江巡抚，御史赵启霖独揭而劾之，段遂

夺职。贝子惧，遣归翠喜。上乃派醇亲王载沣、大学士孙家鼐查办，复无实证，赵启霖亦褫职也。此清光绪丁未年事。夫以翠喜一身，时而台榭，时而官府，时而姬，时而伶，时而妾，时而婢，极却曲迷离之况。山阳曹麟角之《杨花诗》，亡友邹亚云之《杨白花传奇》，均为翠喜作也。谓非宦海之佚闻，故京之艳史欤？[1]

邹亚云所撰的《杨白花传奇》虽然早已亡佚，段芝贵献杨翠喜而得黑龙江巡抚的故事，却永远流传下来了。其原因当然是因为这样的事情太荒唐，不但足以反映清末官场之黑暗，亦可见清末吏治之败坏。

据《光绪朝东华录》所记，赵启霖劾疏中曾并劾奕劻，大意谓：

上年贝子载振往东三省，道过天津，段芝贵夤缘充当随员，所以逢迎载振者，无微不至。以一万二千金于天津大观园买歌妓杨翠喜献之载振，其事为路人所知。复从天津商会王竹林措十万金，以为庆亲王奕劻寿礼。[2]

这一丑闻案牵连到奕劻父子的政治前途，一度引发官场地震。其大致经过可以概括如下：

光绪三十二年九月初七日（1906年10月24日），贝子载振和巡警部尚书徐世昌奉慈禧太后之命，以钦差大臣的身份到东三省去督查改制事务，并拟定经天津乘专车抵奉。初八日（25日），直隶总督袁世凯派南段巡警总办段芝贵等由津乘快车进京迎接。初九日（26日），载振、徐世昌抵津，袁世凯及司道各官员均到新车站欢迎，更有段芝贵组织南段巡警乐队及各局巡警210人，编成迎宾仪仗队。仪式结束后，两钦差及随行人员分乘16辆车到直隶总督衙门休息。当晚，袁世凯在利顺德大饭店宴请振、徐，段芝贵充当陪席。酒足饭饱后，贝子载振仍未尽兴，段芝贵遂邀请载振到大观园戏馆看戏。到了大观

---

[1] 苏同炳：《中国近代史上的关键人物》，百花文艺出版社2013年版，第568—569页。
[2] 苏同炳：《中国近代史上的关键人物》，百花文艺出版社2013年版，第569页。

园，只见台上一青衣在唱贵妃醉酒，其唱腔圆滑，身段婀娜，姿态轻盈，观听之下，载振为之连连击掌，并向段询问台上之人是谁。段芝贵回答："其人就是红遍津门的杨翠喜！"载振点头："在京亦略有耳闻，今日一见，果然名不虚传。"说罢令人将10块大洋送至后台。戏间，杨翠喜下场，急赴台下给载振叩头请安谢赏。载振大悦，令翠喜起身说话。翠喜抬首，美目流盼，正与贝子目光相对，只见她轻鬓细眉，艳丽脱俗，天生丽质，一时晃得贝子载振竟恍惚不知所处何地。这一切均被善于察言观色的段芝贵看在眼中。因此，载振一行在东三省考察完毕回京再次经过天津时，段芝贵已将杨翠喜用重金赎买，送给载振。载振大喜，当晚，即宿于杨翠喜处，并在临行时将杨翠喜带回京城。袁世凯则不失时机地举荐段充任黑龙江巡抚，载振答应回京后一定让其父亲奕劻玉成此事。这是袁世凯集团企图实施大北洋主义，将其势力覆盖东三省的野心的显露。"比载、徐差竣事回京，复过津小驻，芝贵即以翠喜献，载振大喜而纳之。而世凯于此次会晤，则将三省督抚暨其余要职商定，开一名单，交载振转致奕劻，多为世凯夹袋中人物。载振得翠喜，自深感芝贵，惟谓芝贵以道员超领封疆，悉赖乎是，则尚非事实。盖世凯为芝贵谋黑抚，为就东三省扩张北洋势力大计画中之一着，其政治上之意味，实重于区区载、段私人之关系也。至于相传芝贵以巨金略奕劻，则奕劻本受北洋之奉养而供驱策，事之有无不足深计矣。"①

　　光绪三十三年三月二十日（1907年5月2日），在奕劻努力下，段芝贵被破格提升为黑龙江巡抚，钦加布政使衔，段的父亲也得补高贵武职。这在清代是绝无仅有的事情。在奕劻、袁世凯的政敌瞿鸿禨的鼓动下，御史纷纷参奏，举国哗然。四月初一日（5月12日），《京报》

---

　　① 徐凌霄、徐一士：《凌霄一士随笔》（二），山西古籍出版社1997年版，第577—578页。

首先以《特别贿赂之骇闻》为标题披露了这一官场丑闻,一时举国上下,满朝文武,无人不晓。

三月二十五日(5月7日),赵启霖上《新设疆臣夤缘亲贵物议沸腾据实参折》。

折中参道:

> 臣闻段芝贵人本猥贱……徒以善于迎合……上年贝子载振往东三省,道过天津,段芝贵复夤缘充当随员,所以逢迎载振者更无微不至,以一万二千金于天津大观园戏馆买歌妓杨翠喜,献之载振,其事为路人所知。复从天津商会王竹林措十万金,以为庆亲王奕劻寿礼,人言藉藉,道路喧传,奕劻、载振等因为之蒙蔽朝廷,遂得署理黑龙江巡抚……奕劻、载振父子……惟知广收赂遗,置时艰于不问,置大计于不顾,尤可谓无心肝。不思东三省为何等重要之地,为何等威迫之时,改设巡抚为何等关系之事,此而交通贿赂,欺罔朝廷,明目张胆,无复顾忌,真孔子所谓是可忍孰不可忍者矣。①

赵启霖在奏折中毫不留情:

1.参段芝贵"以一万二千金于天津大观园戏馆买歌妓杨翠喜,献之载振",并言"其事为路人所知"。

2.参段芝贵"从天津商会王竹林措十万金,以为庆亲王奕劻寿礼,人言藉藉,道路喧传"。

接着,赵启霖大声疾呼,奕劻、载振父子"惟知广收赂遗,置时艰于不问,置大计于不顾,尤可谓无心肝。不思东三省为何等重要之地,为何等威迫之时,改设巡抚为何等关系之事,此而交通贿赂,欺罔朝廷,明目张胆,无复顾忌,真孔子所谓是可忍孰不可忍者矣",要求朝廷

---

① 朱寿朋编:《光绪朝东华录》(五),中华书局1958年版,第5660页。

严查此案。

接到赵启霖的奏折,慈禧太后又气又恼。她虽有心偏袒奕劻父子,但奏折所言之事又不能不使她有所考虑,于是下谕彻查此事:

> 御史赵启霖奏,新设疆臣夤缘亲贵、物议沸腾、据实纠参一折。据称段芝贵复夤缘迎合,有以歌妓献于载振,并从天津商会王竹林措十万金,为庆亲王寿礼等语。有无其事,均应彻查,着派醇亲王载沣、大学士孙家鼐确切查明,务期水落石出,据实覆奏。①

赵启霖上折后,庆亲王奕劻深为愤恨。据报界称其已染微恙,饮食亦大减,但仍坚持上朝,并在慈禧太后面前请命,愿亲自彻查此案,未得允许后悻悻而归。其后,奕劻又面见醇亲王载沣和孙家鼐称:"此事吾父子名誉不足惜,如国体何?还望二位秉公确实查办,如其事属实,予甘认面欺之罪;如无其事,亦应将查办之详情宣布天下,毋使吾父子贻笑于全球也!"言之潸然泪下。

三月二十八日(5月10日),醇亲王载沣和孙家鼐一行赴天津查办此案。行前曾对报界透露,初拟至庆王府搜查,杨翠喜是否在府,此案即可水落石出,并调查庆亲王之贺寿的收礼簿,以检查10万元之有无,后因众大臣反对,称此举未免笨拙,所以才有了天津之行。然而,奕劻毕竟是朝廷亲贵,且为政有年,树大根深,加之袁世凯手下人才济济,于是内外下手,"联合防堵":内有世续、徐世昌、成勋"出力",使"上怒乃解";②外有在津袁党弥缝,袁世凯得到消息后,迅速行动,首先将杨翠喜暗接回津,迫富商王益孙(亦名王锡英)出3500两买下杨翠喜,接着又指使王竹林否认借银子的事情,当调查组抵达天津时,杨翠喜已在王益孙的家中。据王益孙称,杨翠喜为他一个月前在大观园

① 朱寿朋编:《光绪朝东华录》(五),中华书局1958年版,第5661页。
② 张国淦:《北洋军阀的起源》,《北洋军阀史料选辑》(上),中国社会科学出版社1981年版,第56、55页。

买的。后又至天津商会查阅账簿,并将会长王竹林助理宁星甫及商会司账一起带回询问,然而事情没有什么进展,载沣一行并没有掌握任何实际证据,遂使调查一无所获,最后只得以赵启霖所奏不实覆奏。

四月初六日(5月17日),慈禧太后发布上谕:

> 现据查明,杨翠喜实为王益孙即王锡英买作使女,现在家内服役,王竹林即王贤宾,充商务局总办,与段芝贵并无往来,实无借款十万金之事,调查账簿,亦无此款,均各取具亲供甘结等语。该御史于亲贵重臣名节所关,并不详加察访,辄以毫无根据之词,率行入奏,任意诬蔑,实属咎有应得,赵启霖着即行革职,以示惩儆。朝廷赏罚黜陟,一秉大公。现当时事多艰,方冀博采群言,以通壅蔽。凡有言责诸臣,于用人行政之得失,国计民生之利病,皆当剀切直陈,但不得摭拾浮词,淆乱观听,致启结党倾陷之渐。嗣后如有挟私参劾,肆意诬罔者,一经查出,定予从重惩办。[①]

就这样,一场轰动全国的对奕劻父子的大参案就此不了了之。

杨翠喜案的背后,反映出晚清官场奕劻派与瞿鸿禨派的相互倾轧、相互争斗。这是后清流派领袖瞿鸿禨想趁机以此案扳倒奕劻进而打击袁世凯集团的一场斗争。对此,慈禧太后心明眼亮。这场大参案虽终以"污蔑亲贵重臣名节"褫弹劾者赵启霖职,但慈禧太后实不能不起疑心。故于案结之前,她即撤销芝贵布政使衔,命段无庸署理黑龙江巡抚。为保持高层权力格局的平衡,此案最后以载振的农工商部大臣一职被撤而告一段落。对这件参案的处理表明,慈禧太后虽然继续保护奕劻,但对他明显已有失望之意并含有严重警告的成分在内。

干儿风波

奕劻的晚年丑闻中，干儿风波也是在当时影响较大的一件事情。

晚清时期，进入官场的主要路径除了科举、候补、军功之外，尚有其他一些门路，如袭荫、保举等，但表现最不正常的现象还是攀亲与拜门。

拜干亲是晚清官场中攀附权贵的重要手法之一。

在《官场现形记》第三十八回中就有这样一件事情，这个事例的大概意思是：

瞿耐庵是个知县班子。当过两年保甲、半年发审，都是苦事情。为了想调一点好的差事，他就让其太太走制台大人的干女儿宝小姐的门路。于是，瞿太太就在宝小姐那里下尽了功夫，极尽巴结奉承之能事，最后终于得以拜比自己小得多的宝小姐为干娘，以此为门路，瞿耐庵很快就得到了一个他从前想都不敢想的"署理兴国州"的美差。

比较而言，用拜干亲的方法建立起来的关系，较之拜同乡、拜把子、拜门建立起来的关系更为密切和牢固。但要建立起这种关系颇不容易，需要具备一定的条件。不但需要有一流的钻营功夫与厚脸皮，还要有丰厚的财力去进行拉拢和运动，如花大钱请中间人代为说项，给要拜的权贵馈送厚礼，甚至不惜让自己的妻妾去侍奉决定自己前途的权贵等等。

据晚清留下的史料来看，拜干亲主要表现为下面两种情况：

一是钻营者自己拜所攀附的权贵为干爹，自称为干儿；

二是让妻妾女儿拜所想攀附的权贵为干爹，或拜权贵之母、妻妾为干娘。在所拜的权贵中，不仅有朝廷重臣大员，甚至还有权势显赫的太监。

奕劻为清末首席军机大臣，掌握着全国官吏的任免权，想走他的门路的人不可胜数，想拜他做干爹的官员更是大有人在。

许指严在《十叶野闻》中说："庆之政策无他谬巧，直以徇私贪贿为唯一伎俩，较之树党羽以图权势者，尤为未达一间。其所最好者，多献礼物，拜为干儿，故门生、干儿满天下，然门生不如干儿之亲也。"①

陈夔龙，本是权臣荣禄心腹干将之一。荣禄死后，他失去靠山，又通过夫人与奕劻结上了关系。传说陈夔龙的夫人"幼即拜老庆为义父"。陈夫人对这位当国的义父极为孝顺，"凡所贡献，罔不投其嗜好，且能先意承志，问暖嘘寒"。不仅如此，为了丈夫的政治前途，陈夫人甚至"常居老庆邸中，累日不去"。庆王每日上朝，她常亲将朝珠于"胸间温之"，再挂在义父的颈上，然后把庆王送至门外。京师有人为此写诗讽刺道："百八牟尼亲手挂，朝回犹带乳花香。"②成为当时一大趣闻。

在陈夫人的积极公关下，陈夔龙在仕途上果然一路蹿升，几年间便升至居大清国督抚位置之首的直隶总督。

据许指严记载，"夔龙督直时，每岁必致冰炭敬数万，几去其收入之半，其他缎匹、食物、玩好等不计"。干女婿如此不停地孝敬，连奕劻也觉得不好意思。他曾对陈夔龙说：你也太费心了，以后还须省事为是。陈夔龙则恭敬对曰："儿婿区区之忱，尚烦大人过虑，何以自安。以后求大人莫管此等琐事。"

许指严说，老庆听后"莞然"，盖默契于心也。

好一个"莞然"，好一个"默契于心"，把一个惟讲利益的庆亲王形象，活脱脱地定在了历史画面上。

除了陈夔龙，奕劻还有一个堪称"干儿之中坚人物者"，这就是邮传部尚书陈璧。

---

① 许指严：《十叶野闻》，《民国笔记小说大观》第 1 辑，山西古籍出版社 1995 年版，第 242 页。
② 许指严：《十叶野闻》，《民国笔记小说大观》第 1 辑，山西古籍出版社 1995 年版，第 242—243 页。

陈璧在交上庆亲王之前,不过是一个京师小吏,囊中羞涩,"颇穷窘"。不想,忽一日,紫气东来。他在京城有一个亲戚,是金店老板,愿意出资帮助陈璧发达。但是附加了一个条件:"他日富贵,幸毋相忘可耳。"①于是,这位金店老板用自己所得的重宝东珠、鼻烟壶以陈璧的名誉进献给奕劻。奕劻果然"笑纳之",并答应让陈璧在他空闲时来见他。于是,陈璧有缘拜在奕劻膝下,自称干儿。不久,他又用金店老板的五万金"谀媚",庆王受之。陈璧由此禄星高照,由道藩一跃而升为侍郎,进而又入驻清政府因举办新政而新成立的邮传部,俨然一政府大员矣。金店老板也因此弃商从政,得到了能轻易捞取肥大油水的铁路局局长之差。二人一本万利,皆大欢喜。

　　谁料到,清亡后,时过境迁,奕劻落魄天津,陈璧过津皆"避道而过,不一存问"了。这真是利尽交疏、无用则弃的一个典型的例子。这是后话。

　　奕劻如此,其子载振也不甘落后。他同样收有一些干儿,其中最有名的是安徽巡抚朱家宝的儿子朱纶。朱纶既为载振干儿,亦即为奕劻干孙,陈夔龙便成为朱纶的"姑父"。于是,在陈夔龙、朱家宝、载振之间便形成了"郎舅"、"兄弟"的关系。

　　这一组以奕劻父子为中心的瓜葛之亲,在晚清官场上臭名昭著,受到朝野人士的同声指责,尤其是受到言官的经常弹劾。北京宣南广和居饭庄曾有江西道监察御史赵熙所作两首题壁诗,辛辣地讽刺了这一组狼狈为奸的干亲关系,一时轰传都下,人人称快。其一云:"居然满汉一家人,干女干儿色色新。也当朱陈通嫁娶,本来云贵是乡亲。莺声呖呖呼爹日,豚子依依恋母辰。一种风情谁识得?劝君何必问前因。"其二云:"一堂二(一作两)代作干爷,喜气重重出一家。照例

　　① 许指严:《十叶野闻》,《民国笔记小说大观》第1辑,山西古籍出版社1995年版,第244页。

定应（一作自然）呼格格，请安应不唤爸爸。岐王宅里开新样，江令归来有旧衙。儿自弄璋翁弄瓦，寄生草对寄生花。"其中"朱陈"指朱纶、陈夔龙，"云贵"指朱纶之父朱家宝（云南人）和陈夔龙（贵州人）。奕劻父子是满人，朱、陈是汉人，故曰"满汉一家人"。"莺声"句写陈夔龙之妻在干爹奕劻面前的娇态，"豚子"句喻朱纶依恋干母的丑态。"一堂二代"是说奕劻与其子载振一个样子。清代皇族之女皆称"格格"，陈妻为奕劻干女，故自然呼为"格格"。岐王为唐玄宗弟李范，借喻奕劻，"开新样"，即以声色自娱。"江令"句谓江春霖因弹劾奕劻被免去官职，"回原衙门行走"。弄璋者即干儿陈夔龙，弄瓦者指载振兄弟所昵的妓女杨翠喜和冯宝宝。寄生草和寄生花喻朱纶、陈妻。①

御史弹劾

都察院是清王朝最高行政监督机关。光宣年间，都察院御史对庆亲王奕劻贪污受贿与广结私党的行为极为不满，或出于自身职责，或出于党派利益之争，从光绪末年开始，他们就与清流派一道，不断揭参奕劻贪墨等不法行为，成就了晚清政坛上的一段佳话。

不怕权贵、首先出来揭参庆亲王奕劻的是御史蒋式瑆。

光绪三十年三月初二日（1904年4月17日），御史蒋式瑆借朝廷官员入股官立大清银行之机，上折向朝廷参奏：

> 臣风闻上年十一月二十二日，俄、日宣战消息已通，庆亲王奕劻知华俄银行与日本正金银行之不足恃，乃将私产一百二十万金送往东交民巷英商汇丰银行存放。该银行明其来意，多方刁难，数四往返，始允收存，月息仅给二厘，鬼鬼祟祟，情殊可悯。该亲

---

① 李乔：《清代官场图记》，中华书局 2005 年版，第 77—78 页。

王自简授军机大臣以来,细大不捐,门庭如市。上年九月间,经臣据折奏参在案。无如该亲王曾不自返,但嘱外官来谒,一律免见,聊以掩一时之耳目,而仍不改其故常。是以伊父子起居饮食,车马衣服,异常挥霍不计外,尚能储此巨款,万一我皇上赫然震怒,严诘其何所自来,臣固知该亲王必浃背汗流,莫能置对。准诸圣天子刑赏之大权,责以报效赎罪,或没入臧罚库,以惩贪墨,亦未为过。而圣朝宽仁厚泽,谊笃懿亲,若必为此已甚之举,亦非臣子所愿闻也。应请于召见该亲王时,命将此款由汇丰银行提出,拨交官立银行入股,俾成本易集,可迅速开办。而月息二厘之款,遽增为六厘,于该亲王私产亦大有利益,将使天下商民闻之,必众口一词曰:庆亲王尚肯入此巨款,吾侪小人何所疑惧。行见争先恐后,踊跃从事,可以不日观其成矣。[①]

奏折中的核心点有四:

1.庆亲王奕劻在英商汇丰银行存私产高达"一百二十万金";

2.奕劻"自简授军机大臣以来,细大不捐,门庭如市";

3.奕劻"起居饮食,车马衣服,异常挥霍";

4.奕劻不顾政府领袖的身份,不肯带头将巨款存入官立银行,即大清银行。

蒋式瑆在奏折中希望"皇上赫然震怒,严诘其何所自来",行"圣天子刑赏之大权",将奕劻受贿而来的巨额财产"没入臧罚库,以惩贪墨"。

此折一上,朝野震动。

为了朝廷纲纪,慈禧太后谕令:"御史蒋式瑆奏,官立银行请饬亲贵大臣入股,以资表率一折。据称,汇丰银行庆亲王奕劻有存放私款

---

① 朱寿朋编:《光绪朝东华录》(五),中华书局 1958 年版,第 5167 页。

等语,着派清锐、鹿传霖带同该御史,即日前往该银行确查具奏。"①

可是天佑奕劻。查办次日刚好是星期天,按西方工作制,星期天汇丰银行不上班。有了这一天的宝贵时间,庆亲王奕劻让人找到洋行的办事人员,暗中注销存据,篡改银行账本。当清廷的查办官员鹿传霖等于第三天到汇丰银行确查奕劻款项之事时,当然找不到任何蛛丝马迹的证据,只得以"该银行往来账目,不以示人,询以庆亲王有无来往,据称未经见过。诘之该御史所陈何据,则称得之传闻"为由了结此案。于是,慈禧太后下谕:"言官奏参事件,自应据实直陈,何得以毫无根据之词,率臆陈奏。况情事重大,名节攸关,岂容任意污蔑。该御史着回原衙门行走,姑示薄惩。嗣后凡有言事之责者,务当一秉至公,殚心献纳。如有应行弹劾者,仍着据实纠参,以副朝廷广开言路、实事求是之至意。"②

在慈禧太后的庇护下,蒋式瑆发起的这场参案不了了之。

关于蒋式瑆参奏奕劻此案,《慈禧传信录》中有如下记载:

> 奕劻益无忌惮,取贿日富,皆以贮之外国银行。有某银行司事华人某,与载振(奕劻之子)饮妓寮,为振所辱,衔之,言于御使蒋式瑆:"劻某日新贮赀六十万,可疏劾之。行察时,劻必托销簿籍,则此款我二人朋分之,君可富;若劻不我托,我必以实告察办者,则劻必罢枢要,君直声且振天下,更必获大用。"式瑆大喜。疏入,令大臣查覆。劻果托是司事注销存据,遂以查无实据入奏。式瑆落职,竟分得三十万。

其他史料也有类似的记载。陈恒庆撰《谏书稀庵笔记》"姜侍御"一条云:

> 姜侍御续娶为王氏,有嫁赀巨万,入门以来,用度浩繁,数年

---

① 朱寿朋编:《光绪朝东华录》(五),中华书局1958年版,第5167页。

② 朱寿朋编:《光绪朝东华录》(五),中华书局1958年版,第5168页。

赀馨。王氏不能食贫，不免垢谇其夫，反目者日数次。侍御闻枢廷王爷有百万之款存汇丰洋行，洋行司事与侍御相契，乃密商一计，令侍御奏参王爷贪，存储洋行者数百万。上命大臣率侍御往查，洋司事乃暗改账簿，将款支出，入于私囊，王爷怒而不敢言。迨查无实据，侍御以诬参革职，洋司事分给侍御二十万。骤得巨赀，乃市新房，请庖厨，以悦妇人。予见《阅微草堂笔记》，有家贫年荒，妇人自鬻其身以养其夫，今侍御自鬻以养其妻，正作对比。都人赠一联运："辞却柏台，衣无獬豸；安居华屋，家有牝鸡。"夜以洋色写于砖壁，洗之不能去。

这里的姜侍御，即前面所说的蒋御使。《凌霄一士随笔》谈到上面的这段记载时指出："按此为光绪季年奕劻事，蒋御使，非姜也。陈恒庆曾官台谏，不应误记其姓氏，殆以同官而讳之欤？"[1]

但是，蒋式瑆的弹劾失败并没有能阻止台谏对庆亲王奕劻的弹劾与攻击。三年后，光绪三十三年（1907年），在军机大臣瞿鸿禨的支持下，御史赵启霖等人以杨翠喜案为参机再次对奕劻发起了挑战。

前面已经讲过，光绪三十二年（1906年），候补道段芝贵用重金头下天津大观园戏院名女优杨翠喜送给载振，并借奕劻做寿之机，送上十万两银的厚礼，于是，没过多久段芝贵就由一个候补道越级得到黑龙江巡抚这一要职。在风闻此事后，都老爷们再次发飙。此参案虽终因庆袁势力强大与慈禧太后需要继续借重二人而不了了之，但都察院已经与奕劻势力誓不两立，奏参风波并未结束。

光绪三十四年十月二十一日与二十二日（1908年11月14日与15日），光绪皇帝和慈禧太后先后谢世。溥仪入承大统，载沣以监国摄政王的身份执政。很快新执政的摄政王载沣就以足疾为由将权臣袁世

---

① 徐凌霄、徐一士：《凌霄一士随笔》（一），山西古籍出版社1997年版，第327—328页。

凯开缺回籍,然而袁世凯的最大奥援奕劻却仍留在枢府,这使一向对庆袁势力非常不满的台鉴御史们的心中十分纠结。载沣监国摄政后,尤其是在罢黜了袁世凯后,都察院这帮自以为对大清王朝忠心耿耿的御史们似乎看到了扳倒奕劻的希望。他们不断捕捉机会,风闻言事,积极促成摄政王载沣彻底撤掉奕劻。

在这样的情况下,江春霖对奕劻的贪污纳贿、遍结死党的行为全面发起进攻。在宣统元年(1909年),江春霖接连上书弹劾江西巡抚冯汝骙朋比漫欺之罪,将矛头直接指向庆袁势力。十二月,军机大臣戴鸿慈病故,谁能入值,一时成为朝局敏感的话题。江春霖担心奕劻以首揆的地位,"荐引私人,或误用老迈庸懦者充数伴食",导致大局进一步败坏。于是,在宣统二年正月十六日(1910年2月25日),江春霖上《劾庆亲王老奸窃位多引匪人疏》。

疏中写道:

> 窃溯戊戌变政,全局实为前军机大臣袁世凯一人所坏。世凯因而罪先帝,乃结庆亲王奕劻为奥援,排斥异己,遍树私人,包藏祸心,觊觎非望,幸而瞿鸿禨退,先朝起监国摄政王以镇之。袁世凯进,先朝又召阁臣张之洞以参之。天与人归,谋不得逞。及我皇上御极,首罢世凯,奕劻恭顺以听,而其党亦栗栗危惧,中外相庆,以为指日可致太平矣。既而窥见朝廷意主安静,异派无所登庸,要津仍各盘踞。而农工商部侍郎杨士琦,署邮传部侍郎沈云沛复为画策,污名嫁与他人,而已阴收其利。被弹劾则力为弥缝,见缺又荐引填补。就众所指目而言,江苏巡抚宝棻、陕西巡抚恩寿、山东巡抚孙宝琦,则其亲家;山西布政使志森,则其侄婿;浙江盐运使衡吉,则其邸内旧人;直隶总督陈夔龙,则其干女婿;安徽巡抚朱家宝之子朱纶,则其子载振之干儿;邮传部尚书徐世昌,则世凯所荐;两江总督张人骏、江西巡抚冯汝骙,则世凯之

戚，亦缘世凯以附奕劻。而阴相结纳者尚不在此数。枢臣名有五人，实仍一人揽权而已。现查军机大臣戴鸿慈业已出缺，若我皇上、监国摄政王，复听奕劻荐引私人，或误用老迈庸懦者充数伴食，大局之坏，何堪设想！臣在先朝劾奕劻父子及袁世凯者，疏凡八上，皇上临御以来，亦屡有言，均未荷蒙鉴纳。贱不谋贵，疏不谋亲，何苦数以取辱。但念蒙恩宽免处分，并谕指陈远大，枢臣贤否，实为治乱攸关，远大孰有过于是者？缄口不言，抚衷滋疚！敢恳圣明揽天下才，极一时选，不论官阶崇卑，是否现任，破格擢用，俾效赞襄。古人梦卜求贤，版筑屠钓，皆立作相。欲建非常之业，必用非常之人，固未尝拘于成例也。不避冒渎，披沥上陈，伏乞皇上圣鉴，独断施行。谨奏。①

江春霖的这篇奏折递上，当日朝廷就发布上谕，认为御史参奏庆亲王奕劻的案件，牵扯了太多琐碎的事情，并且涉及到众多中央及地方要员。"其中谓陈夔龙为奕劻之干女婿，朱家宝之子朱纶为载振之干儿，尤属荒诞不经。"当即谕令明白回奏。在朝廷看来此事并没有真凭实据，都是道听途说，捕风捉影。原本希望御史能够恪尽职守，指陈得失，有裨政治，惩治腐败，但江春霖所参奏的都是一些个人的恩怨私利，互相攻讦，"实属荒言乱政，有妨大局。亲贵重臣，固不应任意诋诬，即内外大臣名誉所关，亦不当轻于诬蔑。似此信口雌黄，意在沽名，实不称言官之职。江春霖着回原衙门行走，以示薄惩"。②

两天之后，正月十八日（2月27日），江春霖上《遵谕明白回奏折》，对上谕的内容作了详细回应：

惟臣原参宝棻、恩寿、孙宝琦为奕劻亲家，志森为奕劻侄婿，

① 江春霖：《劾庆亲王老奸窃位多引匪人疏》，朱维幹等编纂：《江春霖集》卷1，《奏议》，第217页。
② 江春霖：《奏议》，朱维幹等编纂：《江春霖集》卷1，《奏议》，第220页。

衡吉为奕劻邸内旧人，徐世昌为袁世凯所荐，张人骏、冯汝骙为袁世凯之戚，皆缘袁世凯以附奕劻各节，陛下均置不问，独提陈夔龙、朱纶二事，着臣明白回奏。是信臣所参八款皆实，疑此二事尚近暧昧。请据所闻，明白陈之。陈夔龙继妻为前军机大臣许庚身庶妹，称四姑奶，曾拜奕劻福晋为义母。许宅寓苏州娄门内，王府致馈，皆用黄匣，苏人言之凿凿。夔龙赴川督任，妻畏道艰，逗留汉口，旋调两湖，实奕劻力。朱纶拜载振为义父，系由袁世凯引进。光绪三十四年二月，朱纶曾到其父吉抚署内购备貂皮、人参、珍珠、补服等件送礼，朱家宝每于大庭广众夸子之能，不以此事为讳，现犹不时往来邸第，难掩众人耳目，并非任意捏诬。皇天后土，实式鉴之。且光绪三十四年九月初九日，臣劾载振与袁世凯结拜兄弟，疏请语如涉虚，甘坐诬谤。时奕劻、袁世凯同在军机，竟不敢辩。前之得实，即可证后之不虚。原折尚存，可取覆按。臣岂不知蒋式瑆、赵启霖皆以劾奕劻罢官，仗马一鸣，三品料去。只以枢府重地，恐或汲引私人，贻误大局。激于忠悃，冒昧直陈。[1]

一天之后，清廷下谕：

前经谕令建言诸臣，毋得怀挟私见及毛举细故，倘或任意尝试，必予惩处，该言官等应如何敬谨懍遵。乃昨据御史江春霖参庆亲王奕劻并明白回奏各折，牵涉琐事，罗织多人，以毫无确据之言，肆意诬蔑，殊属有妨大局，本应予以重惩，姑念该御史平日戆直，尚无劣迹，是以从宽，指令其回原衙门行走。[2]

此上谕一经公布，全国一片哗然，各界人士纷纷声讨奕劻，要求挽留江春霖。

---

① 江春霖：《遵谕明白回奏折》，朱维幹等编纂：《江春霖集》卷1，《奏议》，第221页。
② 江春霖：《正月十九日内阁奉上谕》，朱维幹等编纂：《江春霖集》卷1，《奏议》，第224页。

江春霖的上疏和朝廷对奕劻的偏护,在朝野上下都引起了震动。在朝的官员、各大报馆、社会名流都对该案件表示关切,发表言论,希望朝廷能收回成命。

大参案发生后,御史陈田、赵炳麟、胡思敬等奏请收回成命。

胡思敬在《请留江春霖折》中仗义执言,一针见血地指出:

> 御史着回原衙门向来少见,有之,自参某邸之蒋式瑆始,已而赵启霖亦然。今江春霖复如是。是不啻专为某邸开此例矣。

> 中国无议院,赖有御史以通上下之情,外人亦甚重视。今议院未开而御史一参权贵,即致摧抑,未免为外人所笑。

> 江春霖前后章奏不下数十,今独以弹劾枢臣解职,恐以后言路诸臣,无复敢牵及政府,而太阿倒持之患,由此渐生。尚欲援立宪公天下之说牢笼四海,谁则信之?①

正月二十日(3月1日),以给事中忠廉为首的都察院58位御史联名上《言路无所遵循,请明降谕旨》的奏疏,进行集体抗争。

参劾奕劻之案发生后,社会媒体也纷纷作出积极响应。当时的不少报纸、刊物如《申报》《时报》《大公报》《盛京时报》《东方杂志》等都推波助澜,对该案进行了连篇累牍的宣传和报道,对江春霖的奏折、朝廷的上谕及台谏御史的抗议进行了全文刊登。支持之意不言自明。

在社会各界舆论的压力下,庆亲王奕劻被迫作出一些回应。

在被弹劾之初,奕劻就当面恳请摄政王载沣,"已屡次经人参劾,请允开去军机领班要差以息物议。并保荐泽公、伦贝子堪以赞襄枢务等情,当蒙监国温语慰留,未允所请。然庆邸则退志已坚"。②

---

① 胡思敬:《请留江春霖折》(1910年2月28日),朱维幹等编纂:《江春霖集》,附录,第9页。
②《庆邸势难告退》,《大公报》"要闻",1910年3月5日。

清帝逊位的幕后推手

从清末到民国，甚至时至今日，奕劻一直背着贪财误国的骂名。

溥仪认为："奕劻受袁世凯的钱，劝太后让国，大清二百多年的天下，断送在奕劻手里。"①

载沣弟载涛在《载沣与袁世凯的矛盾》一文中亦明确断言："奕劻、那桐本来只认得钱，至于清廷封建统治的垮台，并不在他们的心上。他们二人与张兰德里应外合，不由得隆裕不入他们的圈套。后来他们三人皆如愿以偿，各自在家纳福去了。""这种'禅让'之局得以成功，可说是全由奕、那、张三人之手。"②

这种观点不无来由。

实际上，奕劻在军机大臣与总理大臣任上时，官场上骂他贪财误国的人就不少。清亡后，这种看法更是普遍。

奕劻确实也以贪著称，他在世时的声名就并不好，直与和珅齐名，清政权迅速失掉人心，他负有不可推卸的责任。

但是，在辛亥政局转换中，他却是皇族亲贵中头脑最为清醒的一人。他看到了列强对清政权的抛弃；看到了袁世凯企图取清政权而代之的野心；看到了共和已得到国人的普遍认同；看到了清政权已经彻底丧失了人心；更看到了清皇室顽固下去的险情。因而，他能区分出感情与理智的轻重，尽管不愿意共和，不愿意袁世凯改朝换代，但出于保全清皇室，保全他自己的算计，奕劻同意袁世凯与南方革命党的和平谈判，促成袁世凯与南方临时政府开出的以清帝逊位换取保存清室的优待条件。③

---

① 爱新觉罗·溥仪：《我的前半生》，群众出版社1964年版，第70页。
② 载涛：《载沣与袁世凯的矛盾》，中国人民政治协商会议全国委员会文史资料研究委员会编：《晚清宫廷生活见闻》，文史资料出版社1982年版，第83页。
③ 奕劻推动清室退位的详细情况见本书第三章"弼德院总裁"一节。

清皇室能在辛亥革命洪流中得以保全,与奕劻的作用分不开。

应该说,在辛亥政局中,奕劻推动隆裕太后对袁世凯及革命党妥协,有他自己的私心、私欲在里面。但今日客观看待这段历史,奕劻与袁世凯一起推动清室让位,也减少了革命的阻力,减轻了革命过程中的代价,加速了近代中国的政治进程,这与孙中山等革命党人期望的以和平收革命之功,有着异曲同工之妙。庆袁共同推动清帝退位,尽管各自所抱的目的不同,但用和平方式解决南北争端,对当时有效保护各方利益,及时挽救时局,却是真正起到了顺水推舟的重要作用的。

第五章

凄凉晚年

他们拿去，也就罢了。

——奕劻

出走天津

1912年3月1日凌晨，北京定阜街胡同匆匆驶出了数辆大车，出正阳门往东火车站急驰而去。

中间的一辆大车上，坐着一位颓丧欲绝的年逾七十的古稀老人。

此刻，这位老人正在几位侍妾的半劝半挟中放声大哭。

他，就是亲身见证了大清帝国晚期整个苦难过程的庆亲王奕劻，时人戏谑之为老庆。

十几天前，在南京的孙中山中华民国临时政府与北京的袁世凯内阁双重逼迫下，清帝宣布逊位，大清帝国寿终正寝。

随着庇护奕劻的帝国政府的坍塌，他的权势与钱财来源也戛然而止。

清帝宣布退位时，奕劻曾声言要以"老命殉国"，但风声大，雨点小，实则口硬骨头酥。但这一场大闹，倒也提醒了家人，时移势易，得赶快给老头子寻个安身立命颐养天年的去处了。否则，留在北京，那帮恨透了庆亲王的少壮亲贵们还不知道能干出怎样的荒唐事呢。经老亲家孙宝琦力劝，奕劻才半推半就、亦假亦真，踏上了去往天津租界的路程。

家道败落

根据历史记载，奕劻有儿女数人，最不争气的是大儿子载振与二儿子载搜。

> 晚清政界趣闻，实推庆邸二子为最。①

载振的败家行为前文已经提及，这里单说奕劻的二公子载搜。

载搜，老庆王的二儿子，当时在歌馆妓院里，人称搜二爷。

与振大爷相比，载搜更加不肖。每日不仅不管正事，相反，整天泡在八大胡同挥霍着老庆贪贿而来的家产，周旋在京师有名的美妓之间。

为这事，奕劻没有少生气。但生气归生气，搜二爷照旧花钱如流水，偎红、享乐，根本就不拿老庆的话当话，更对当时新闻报纸对自己的攻击与嘲骂置若罔闻，不管不顾。日子一长，奕劻也拿他没有什么办法，只好听之任之了。

搜二爷是京师有名的纨绔子弟、浪荡公子，完全不思祖宗创业之不易，惟以拈花惹草、床上功夫为人生乐趣。"今日八千金娶一名妓，明日一万金又娶一艳姬，予取予求，自适其适。"②当时京城八大胡同最有名之红宝宝、苏宝宝者，均被他购置，藏娇自室。两宝宝互相嫉妒、打架，搜二爷倒是借坡下驴，借口有清净之欲又出去另寻新欢。

载搜的一场闹腾不仅让奕劻在外面丢尽了脸面，而且其千辛万苦索得而来的钱财，也被这个不肖之子日出斗金地折腾将空。奕劻在外面捞，载搜则在外面散，"彼由外铄，此则内溃。呜呼，女祸烈矣"。赵熙曾在题壁诗中骂奕劻和载振说："儿子弄璋翁弄瓦，寄生草对寄生花。"对于载振的杨翠喜丑闻案及搜二爷的闪亮艳史，有人将前诗改窜成一联："儿自弄璋爷弄瓦，兄曾偎翠弟偎红。"③这一段"佳话"，当时传遍了京师内外。清王朝国祚落败，实与这帮亲贵子弟的瞎折腾有一定的关系。

---

① 许指严：《十叶野闻》，《民国笔记小说大观》第 1 辑，山西古籍出版社 1995 年版，第 248 页。
② 许指严：《十叶野闻》，《民国笔记小说大观》第 1 辑，山西古籍出版社 1995 年版，第 251 页。
③ 许指严：《十叶野闻》，《民国笔记小说大观》第 1 辑，山西古籍出版社 1995 年版，第 250 页。

民国代替清朝后，人们并没有感觉到太大太多的变化。袁世凯坐稳了大总统的宝座后，又头脑一热，打起了做皇帝的算盘。结果，大祸上身，众叛亲离，在全国上下一致讨伐和唾骂声中气急而死。接着，北洋系群龙无首，军阀开始内战。"城头变幻大王旗"，乱哄哄你方唱罢我登场。

垂暮的老庆，在天津住了一段时日，以为劫难已过，在家人搀扶照顾下，由天津回到了北京。

虽然短短几年，但已经物是人非。

老庆感慨良多。

庆王府依旧是高墙环立，但是却没有了过去那种富丽堂皇、人气旺盛的繁华气象。

奕劻前脚刚刚离开，搂二爷已经将庆王府闹了个底翻天。奕劻"去未数时，而其诸子中历娶各种宝宝最有名之搂二爷，及在花柳界足与搂二爷相伯仲之隆五爷，竟率领大车数十辆，又某外国兵数名，直入老王之宅，分载财宝以去。到东交民巷某处停车，则各仿照梁山泊中之大秤分金银法，一一瓜分而散"。"及老庆复归，则大观园（指庆王府）中物事，遂已抄洗一空。其老家人如焦大、王善保、周瑞之流，乃告以琏二爷、珍大爷之所为。"老庆听后，叹息而言："他们拿去，也就罢了。"①

不肖子败家，短短数年内就花尽了他老庆用一生努力得来的财富。他老庆除了用无所谓来宽慰自己外，又能怎么样呢？

①许指严：《十叶野闻》，《民国笔记小说大观》第1辑，山西古籍出版社1995年版，第247页。

谥号"密"字

1917年1月28日,春节刚过完不久,奕劻病死。这一年,他正好80岁,也是个长寿之人了。

奕劻临终时,曾上一封遗折给溥仪,遗折中说道:

> 臣忝列藩封,叨承恩眷,自当差以来,历管总理各国事务衙门及神机营、海军衙门事务,材轻任重,无补涓埃。庚子岁海氛不靖,辱荷恩知,付以留守重任,并与大学士直隶总督李鸿章同办和议事宜。仰禀庙谟,幸勿陨越。洎銮舆返跸,海宇乂安,外务孔膺,枢机旋秉,愧乏坠露轻尘之效,莫酬天高地厚之任。及乎两圣升遐,皇上继统,时局弥棘,报称益难。直至辛亥之冬,改组内阁,仔肩得卸,幸保余年。不谓福薄灾生,数载以来,疾病淹缠,迄未能一奉朝请。迫至去年冬季,益觉委顿不支,失血失眠,险象迭起。迭延中西医诊治,或言系由频年操劳过甚,心血两亏所致,非安心调养不易见功。方谓仰托福庇,得以渐就安痊,不意药石无灵,延至本月初六日,气息仅属,已无生存之望。伏念臣历事四朝,叠承眷注,今当永辞盛世,伏愿我皇上敬天法祖,圣学日新,以无负先朝付托之重,则臣虽死之日,犹生之年矣。余生绵惙,罔罄腹心,瞻望阙廷,神魂飞越,谨口授遗折,令臣子载振恭缮呈递,伏乞皇上圣鉴。[1]

奕劻刚离世,载振就急忙找到载沣,请这位"太上皇"去求小皇帝替奕劻讨个谥号。

为了奕劻的谥号,小朝廷上大家争论了足足半天。

所谓谥号,也有是将追悼词缩短成一个字,代表朝廷对逝者一生的评价。譬如,奕劻祖父永璘的谥号是"僖",意思是喜乐,这"喜并且

---

① 秦国经:《逊清皇室秘闻》,故宫出版社2014年版,第78—79页。

乐",很准确地概括了永璘的一生。

但是,奕劻不同于其祖父永璘,辛亥革命发生以后,摄政王载沣为了预防袁世凯对他的报复,本来不敢再起用袁世凯;只因奕劻的全力举荐,并保证袁世凯忠诚不二,这才使载沣和隆裕太后解除戒心。却不料袁世凯掌握政权以后的举措,完全与奕劻的保证背道而驰。于是,奕劻在皇族中被视为出卖祖宗之人,自亲贵以至宗室,无人对他不加诟骂。清帝逊位后,为了避祸,奕劻赶快到天津租界去买屋避居,以免日夕与皇族中人相见。由于他的宦囊甚丰,积赀千万,因此一直可以在天津租界中过着富贵自如的寓公生活,清皇室的休戚,倒似与他毫不相关。因此,当载沣为奕劻谥号事找到溥仪后,清废帝溥仪年龄虽小,在几位老师的教育下却对这位祖父辈的庆亲王的生前行为十分恼恨,一是恼奕劻与袁世凯勾结让他失去了江山社稷,二是恨奕劻贪赃枉法超过了和珅。于是,溥仪亲拟了四个字"谬、丑、幽、厉",让王公们从中选出一个。众王公议来议去,觉得从这四个字中选任何一个都有伤体面,最后不得已,大家又只好推载沣去想办法。王公们议出一个"献"字,要载沣出面说服溥仪。载沣向溥仪解释,说这"献"字中有"犬",虽隐却已具贬义。可溥仪高低不允,坚持必须从"谬、丑、幽、厉"中选,说只有这四个字才与庆亲王的一生匹配。最后南书房的几位老夫子出面劝驾,说用"密"字为奕劻的谥号最贴切,因为在谥法中,"密"之含义是"追补前过",让奕劻九泉之下永远思过。经此一劝,庆亲王便落下"密"字谥号,这是朝廷对他最后的赏赐,也是朝廷对他的最终评价。[①]

奕劻去世以后,溥仪虽依照旧例,派贝勒载涛带领侍卫十员前往奠祭,并赏给陀罗经被和三千元治丧费,开复任内一切处分,其子载

---

① 龙翔、泉明:《最后的皇族——大清十二家"铁帽子王"轶事》,北京大学出版社 2011 年版,第 223 页。

振着袭亲王,但他对亦劻是十分不满的。半个世纪后,已经被改造成为现代公民的爱新觉罗·溥仪,仍然在他的自传中愤愤不平地写道:"那年奕劻去世,他家来人递上遗折,请求谥法。内务府把拟好的字眼给我送来了……我把内务府送来的谥法看了一遍,很不满意,就扔到一边,另写了几个坏字眼,如荒谬的"谬",丑恶的"丑",以及幽王的"幽",厉王的"厉",作为恶谥,叫内务府拿去。""奕劻受袁世凯的钱,劝太后让国,大清二百多年的天下,断送在奕劻手里,怎么可以给个美谥? 只能是这个:丑! 谬!"[①]这位末代皇帝对奕劻的愤恨与不满之情,由此可见一斑。

是非评说

作为晚清重臣,奕劻已作古将近一个世纪,后人对他褒贬不一。

不管怎样说,奕劻都算得晚清历史上一位重量级的人物。

他占据了这个王朝的好几个"第一":

他从道光朝袭爵辅国将军起,到以铁帽子王亲眼目睹这个王朝灭亡为止,在超过半个世纪的时间内,作为五朝元老,亲身见证了这个王朝是如何从衰败走向覆亡的全部过程;

他很会做官,大概是清王朝甚至是中国历史上在宦海中做官时间最长的一人,用第一官场不倒翁称呼他似乎并不为过;

他贪污纳贿的本事,在清王朝历史上也似乎只有和珅可与其一比;

尤其重要的是,在清王朝最后不多的时间里,奕劻实际上成为了能够主宰这个帝国命运走向的为数不多的几个掌舵人之一。但可惜

---

① 爱新觉罗·溥仪:《我的前半生》,群众出版社 1964 年版,第 70 页。

的是,知道这个事实的人并不多。

历史的事实是,光绪末年,上层统治阶层内部的满汉合作出现了新老交替的断层。这种变故,严重地影响到了清政权运作的实际效能。李鸿章死于光绪二十七年(1901年);刘坤一死于光绪二十八年(1902年);王文韶死于光绪三十四年(1908年);宣统元年(1909年)张之洞病逝;宣统二年(1910年)戴鸿慈、鹿传霖及孙家鼐也相继离开了人世。上述诸人均是颇具时望的汉族重臣,他们在为清王朝效忠的数十年中,积聚了雄厚的政治权威资源。他们对这一王朝的价值在于:一方面,他们深得最高统治者慈禧太后的信任,久经历练,与最高统治者建立了相当牢固的政治合作关系;另一方面,他们又在汉人士绅中享有很高的威望,由于他们的存在,使这个以满族为统治民族的王朝至少在汉人地主士绅阶层中尚享有相当的权威合法性。另外,像奕䜣、荣禄这样一些富有政治经验的满族官僚,长期以来与汉族士绅上层也建立了相当密切的合作关系,是维系高层满汉之间合作关系的重要纽带。奕䜣早在光绪二十四年(1898年)已经离世,荣禄则死于光绪二十九年(1903年)。随着老一代融洽合作的满汉重臣的相继谢世,清王朝的统治高层中失去了一批可以对各种政治势力进行平衡的,并可以在日益尖锐的满汉矛盾方面起到缓冲作用的中流砥柱,能调和满汉之间矛盾、缓冲与消解革命党人排满宣传的有影响力的汉人官僚越来越少。面对此种状况,饱经风霜的慈禧太后深感忧虑。在她的晚年,不得不重新打起精神,再次精心设计新一轮高层满汉合作的权力结构。其手笔是:

1.以奕劻主掌中枢行政大权。

2.用袁世凯练兵,重建清王朝的国家机器。

经过慈禧太后的重新构架,从光绪二十九年至光绪三十三年(1903—1907年),逐渐形成了统治者高层满汉权力的新格局。从满汉高层合作关系来说,这种权力新格局集中表现为庆亲王奕劻,醇亲王载沣,满人端方、那桐等与汉人袁世凯、张之洞、徐世昌等重臣的合作上,其核心表现为庆袁合流形成一支强大的政治力量操纵朝局,其形式表现为满人贵族必须依靠汉人官僚袁世凯集团的支持才能维持统治的状况。尽管这种合作关系经过清末数次政潮的冲击已经变得十分脆弱,但它仍然是清朝统治者维系统治的一个重要法宝。

历史的车轮驶入宣统朝,庆亲王奕劻的作用与身份显得更加重要。

作为首席军机大臣、内阁总理大臣与皇族亲贵,庆亲王奕劻是宣统政局变动枢纽中的关键人物。

在清王朝危机四伏之际,他受命组织责任内阁,不仅受到摄政王载沣与皇族亲贵的掣肘,而且因其"皇族内阁"的性质,而遭受立宪派与地方督抚等各种政治势力的批评与攻击,处境颇为尴尬。武昌起义后,奕劻力荐袁世凯出山,希图挽救垂危的清王朝。但袁世凯却另有所图,暗自用清王朝做筹码与南方革命政权谋求妥协,以攫取新生的民国政权。在挽救清王朝命运无望的形势下,奕劻退而求其次,竭力推动摄政王载沣和隆裕太后交出政权,以清帝逊位的和平方式,换取优待清室条件,保全清皇室。从其在辛亥政局中的表现来看,庆亲王奕劻并非仅仅是长期以来留在人们心目中的"官仓鼠"的单调与刻板的历史面象。在潮流面前,他务实而不保守,既维护清室长远利益,又不完全拒绝共和,融现实、谨慎、开拓、开明、狡猾、内敛、稳重、贪婪等多面性格于一身,是一个非常矛盾而又复杂的人物。这些在历史表象背后隐藏的内容,实在值得我们认真发掘与重新评估。把握住这一特点,清亡前夕的一些重大问题或可迎刃而解,有些问题或可因此而产生新的认识。

作为大清相国,自光绪二十九年(1903年)起,大清国的内政外交几乎均操其手。因其在20世纪中国政坛上的特殊地位与影响,奕劻的名字在清末颇为西方国家所知晓。

时任直隶总督与北洋大臣的袁世凯对他的评价是：

作砥柱于中流，文明竞渡；式威仪于四国，夹辅收资。[①]

载沣监国摄政后，亦曾借煌煌上谕这样评价奕劻：

公忠体国，懋著贤劳，庚子以来，顾全大局，殚心辅弼，力任其难，厥功甚伟。[②]

袁世凯与载沣，一为朝廷重臣，一为监国摄政王，二人都十分了解奕劻，他们对奕劻的评语，应该说是有一定真实成分的。

与袁世凯、载沣的看法相反，宣统三年（1911年），国际著名的大报《泰晤士报》曾对奕劻作过如下描述与刻画：

1.认为奕劻担当不起"发达"中国宪政的责任。

庆亲王，中国近时最著名之人物也。其一生之事绩，可为中国以往二十七年之史实。清国历史上灾祸之烈，以此期中为最。而中国经此磨练，始觉渐有生机。今日政体大变，其前途殊未可限量。然以年老衰弱，优柔寡断，诡诈无能，行为乖邪之人，掌宪政之发达，能否令人惬意，则诚为可一讨论之问题也。夫创立资政院固美举也，且以才智如溥伦其人者，任资政院议长，诚为可以褒扬之举。该院之讨论，正常而尊严，且颇具能力，极为舆论称赞。乃为时未久，去伦贝子而代以老弱守旧之世续，无怪国人之稍明事理者，莫不诉此为失政也。国民前争设内阁，今内阁已成立矣，而以庆亲王为总理大臣，此新内阁不过为旧日军机处之化名耳。[③]

2.指责奕劻"扬满抑汉"。

① 骆宝善、刘路生主编：《袁世凯全集》第10卷，河南大学出版社2013年版，第458页。

② 爱新觉罗·载沣：《醇亲王载沣日记》，群众出版社2014年版，第307页。

③《庆亲王历史》（译伦敦泰晤士报北京通信），《申报》1911年6月8日，第2张第2版；6月9日，第2张第2版。

彼辅弼摄政王者，咸注意于满汉界限，而欲使满人操政界之优权，此诚愚不可及之思想，以故国民极多非议。夫庆亲王在大臣中，为摄政王所最亲任者，亦政界中最腐败者。此种扬满抑汉之愚策，必出于庆谋无疑也。①

3.简要评说奕劻的历史，尤其是他在外交史上的得失。

庆亲王出身寒微，以一千八百三十九年四月十二号生于北京，年十三，由乾隆皇帝之孙收为螟蛉子。其所享之权利，与嫡子同。故人以与咸丰皇帝、恭亲王、醇亲王平辈视之。庆固喜弄笔墨，少时家寒，尝以字画易钱，以资津润。其贵衔尝屡迁。一千八百五十二年封为贝子。一千八百七十一年晋封贝勒。一千八百八十四年晋封郡王。一千八百九十四年晋封亲王。一千九百零八年光绪皇帝晏驾后，晋封世袭亲王。一千八百八十四年四月十一号，庆以毫无历练之员，竟擢为总理衙门大臣，以代黜职之恭亲王。讵意履任之际，即有中法之龃龉。两国乃因以构兵，既而息战议和。中国悉失安南东京旧有之威权。

庆居军机，庸有荣耀之可言耶。中法和约交涉，庆固未尝与闻，该约于一千八百八十五年六月九号，由李鸿章签定。而庆于一千八百八十七年六月二十六号，与法国康斯丹君签定附增之约，云南之蒙自，遂因此而开为通商口岸矣。后四年朝廷定外使觐见之礼，庆进议请在召见藩使之殿，以见各国使臣。此种轻蔑使臣之举，在当日咸视为夸示国民，以保皇帝为名之狡计耳。一千八百九十四年二月庆既晋封亲王，中日之战，误君之罪，庆实负之。翁同龢所草之宣战书，竭意夸张，以贻世界

①《庆亲王历史》（译伦敦泰晤士报北京通信），《申报》1911年6月8日，第2张第2版；6月9日，第2张第2版。

之笑柄，庆实赞成之。嗣后祸患叠作，如练之衔接，而竟无一事之成效，足以抵消祸厄，其所铸之错，今则无庸为之细述矣。光绪皇帝以其不称职，乃于一千八百九十四年九月二十九号，复起用恭亲王，并令襄办军政。一千八百九十八年五月二十九号，恭亲王病卒，庆复握总理衙门全权。后数星期，西七月一号与英国签定威海卫租约，其租期以俄国占据旅顺口之久远为定。于是祸起益速，一千八百九十八年宫廷变起，光绪皇帝幽处深宫。一千八百九十九年京畿匪乱，调董福祥无纪律之军队入京，继之以一千九百年义和团之乱，设当时总理衙门之领袖，虽为无决断之员，然能不若庆王之甚，则其祸未尝不可挽救也。当拳乱猖獗，使署被围之际，庆亲王固在京中也，各使署在围中所接之照会，咸为庆王及他员署名，事后曾经宣布，然则谓庆未尝同谋此反对仁道之事，有令人难信者矣。

一千九百年八月十四号，联军入城。翌晨庆亲王随慈禧皇太后出奔西安府。后三日抵怀来县，奉命回京，与外人议和，庆天良未泯，恐外人见罪，意殊懦怯。闻赫德总税务司曾力保其无碍，故敢勇往，乃会同李鸿章于一千九百零一年九月七号与列强议定和约。维时列强因分利不均，意见不一，故中国于该约所蒙之损失得以稍小，此诚非豫料所及也。

合约之中，订明将总理衙门重行组织，改名曰外务部。其部制悉由美国专使陆基尔君（现充美国驻俄大使）及日本专使小村君（现充日本外相），以代各国使臣画定，设尚书一员，侍郎两员，参丞两员，于是庆亲王乃简授外务部大臣，握权至今。一千九百零三年四月十三号，荣禄病卒，庆权益大，遂为军机处之领袖而居全国最高之职位，旋复继荣禄为勘陵大臣。

凡大臣所有之显秩，庆无不兼而有之。庆尝为海军处总监，今日中国海军之窳状，令人可悲。庆之无能，即此可见。又庆曾充练兵处大臣，今日兵政之成效如此，亦由其溺职有以致之也。庆所签之重要条约，其最近者则为一千九百零六年十二月二十一号之满洲条约，及其附增之约。约中允许日本改筑安奉间所设之军用铁路。后以不能践约，日本乃不待中国之许可，而自由行动。庆历任以来，所为损辱国威之举，不知凡几，此仅其一耳。近者俄国因蒙古交涉，宣下爱的美敦书，其祸胎实种于前约也。

庆居外务大臣之任，而对于应尽之职务，则悉弃而不理，其待遇列强使臣之态度，天下各国，无一能容忍之，各国代表当专程往见此老朽腐败之员以讨论交涉问题。六年以来，已六见矣。盖因庆虽为外务部大臣，而常常不在外务部办事也。但庆在私邸接见外使，亦属希遇之举。虽帝王之拒人，亦无以过之矣。①

4.批评奕劻贪污纳贿。

庆之私邸，在紫禁城之北。三十年来京员之欲补官职晋阶者，无不奔走其门。庆门如市，民间已成为习谚矣。凡官吏往谒者，非献金阘者，则不得入邸。夫庆负中国政界元恶之名久矣，而皇太后信之特甚，时加恩遇。综其一生之事绩，常与祸患相缘，既非有作为之政治家，亦非有气度之爱国者，虽行年已七十有三，而所作为，毫无足荣其名者。御史屡进弹章，均无效力。全国报章，除咒骂之外，从不提其名字，然庆仍安然生存，其权且日见其大。其妻妾之多，虽在华民之中，亦属仅见。故眷口甚众，至其儿女姻娅，则皆国内之王公大臣也。②

《泰晤士报》对奕劻的上述评论，与袁世凯的看法截然相反，也与

---

①《庆亲王历史》（译伦敦泰晤士报北京通信），《申报》1911年6月8日，第2张第2版；6月9日，第2张第2版。

②《庆亲王历史》（译伦敦泰晤士报北京通信），《申报》1911年6月8日，第2张第2版；6月9日，第2张第2版。

载沣对他的官方认可的说法相差太大。

那么,奕劻究竟是一个怎样的人物呢?

奕劻的宦海生涯主要集中在光、宣二朝,在此时期,奕劻到底起到了怎样的作用?

本人以为:

首先,奕劻是皇室宗亲,并且先后得到在光、宣二朝操纵皇权的慈禧太后、隆裕太后的信任与倚重。

其次,奕劻的政治生涯开始于光绪十年(1884年),终光绪一朝,其活动的主要舞台在外交方面,光绪二十九年(1903年)后才成为政府领袖。

第三,奕劻长袖善舞,善于处理各种人际关系,深谙官场生存规则,因而他能渡过一个个政治暗礁而不落水。

第四,宣统一朝,他已经上升成为能够决定这个王朝命运走向的为数不多的几个的关键人物之一。

第五,奕劻以贪墨出名,受贿细大不捐,助长了晚清官场的腐败风气。清政权之迅速失去人心,实与此有着很大的关系。

第六,奕劻处理国家事务的能力不高,做一个承平时代的王爷还可以,但在国家或政权处于危急关头时,其才具即显得平庸和乏力。

第七,性格与政坛表现复杂而多面,绝非一种形象可以盖棺定论之。

至于上面提到的袁世凯、载沣评价奕劻之语,乃基于中国官场之惯例,或许有奉承、夸大、扭曲之嫌疑。但认真品味晚清这段历史,庆亲王奕劻其人其事确实复杂多面,这一点当无可置疑。

事实上,奕劻虽然"年老衰弱"、贪墨成性,然并不糊涂。《泰晤士报》上述评述亦有不少失实之处。

如文中"中日之战,误君之罪,庆实负之。翁同龢所草之宣战书,竭意夸张,以贻世界之笑柄,庆实赞成之"的观点就有商量的余地。甲午战争前后,奕劻的身份是清国外交主要负责人不假。但以历史事实观之,奕劻当时为不赞成对日开战的后党成员,不可能赞成帝党成员翁同龢的开战主张。至于中日开战后他奏请带兵出关一战,不过是官样文章,不必当真。

又如,报中"行为乖邪"、"彼辅弼摄政王者,咸注意于满汉界限,而欲使满人操政界之优权,此诚愚不可及之思想,以故国民极多非议。夫庆亲王在大臣中,为摄政王所最亲任者"之论断也不准确,对奕劻也有失公允。真实情况是,奕劻本人虽然老衰中庸,然并不"行为乖邪",也不曾"咸注意于满汉界限,而欲使满人操政界之优权";相反,他圆滑内敛,很懂得在掌权各派之间怎样保持平衡。在晚清官场高层的倾轧争斗中,无论是慈禧太后还是光绪皇帝,或者是后来的执政者隆裕太后与摄政王载沣,都对他倚重有加。他并不看重满汉界限,对待汉人官僚并不歧视;相反,他的利益同盟者主要还是一批汉族官员。他选拔官吏的标准,主要是看:(1)是否向他送银票;(2)是否对他政治利益有利。

另外,在宣统朝,奕劻也并非"为摄政王所最亲任者"。载沣离不开奕劻是事实;但载沣对奕劻的排挤与忌惮同样也是事实。光宣之际,奕劻已手握大清国陆海军兵权并把持军机处、外务部、会议政务处等国家枢要核心机构,加上他身历道光、咸丰、同治、光绪、宣统数朝,资格极老,又长期主持总理各国事务衙门、外务部与军机处等国家重要部门,门生故吏遍布朝廷内外,于列强各国、于朝廷内外、于北洋团体、于地方督抚,在私人关系上均树大根深、翼大羽丰、盘根错节,慈禧太后、摄政王载沣与隆裕太后都不得不借重于他来渡过危机,稳定政局,维持统治。

从晚清历史上看,在晚清皇室成员中,奕劻还算比较开明。光绪三十四年八月十二日（1908年9月7日），奕劻曾因"京师地居首善，户口至繁，其间无业游民，或来自远方，以觅食之艰而浸成流落，或世为土著，以谋生之拙而坐困穷愁"而向四方筹款并奏请开办京师首善工艺厂。①再比如，在清末新政中，对沈家本、伍廷芳修订《大清现行刑律》一事，上有"修改新刑律不可变革义关伦常各条"的上谕，下有包括张之洞在内的部院督抚指责，身为首席军机大臣的奕劻却给予了坚定的支持。在沈家本向朝廷奏请废止凌迟、枭首、戮尸、刺字等残酷刑罚时，奕劻亦表赞同。在奕劻的支持下，沈家本先后编著了《大清民律》《大清商律草案》《大清刑事诉讼律草案》《大清民事诉讼律草案》，虽然这在当时尚是纸上谈兵，但在中国法律史上却是亘古未有的大事。②

因为长期主持大清国外交工作，奕劻的脑筋并不落后。同光年间，他曾积极支持李鸿章倡导的洋务运动。光宣年间，他也在政治上推进宪政改革，积极支持袁世凯集团一系列的新政活动；他主张重用汉人，满汉并重，亦反对盲目排外；作为大清国的领班军机大臣与第一任内阁总理大臣，他亦想挽救大清王朝狂澜于不倒；辛亥革命中，他坚决推动清王室起用军界铁腕袁世凯；在共和成为潮流时，为了保存清王朝宗庙血食，他也能顺应形势，退而支持清帝逊位实行共和政体。但不管怎样评述，清王朝的灭亡，清政权的移鼎，奕劻因为贪墨误事负有重大之责任。这是他在当时、后世长期遭到人们诟病的一个重要因素。

① 骆宝善、刘路生主编：《袁世凯全集》第 18 卷，河南大学出版社 2013 年版，第 93 页。
② 龙翔、泉明：《最后的皇族——大清十二家"铁帽子王"轶事》，北京大学出版社 2011 年版，第 216 页。

奕劻大事记

道光十八年二月二十九日（1838年3月24日），生。

道光三十年（1850年），袭辅国将军。

咸丰二年（1852年）正月，封贝子。

咸丰十年（1860年）正月，进封贝勒。

同治十一年（1872年）九月，加郡王衔，授御前大臣。

光绪十年（1884年）三月，接替奕訢任总理各国事务衙门大臣；十月，进封庆郡王。

光绪十一年（1885年）九月，清政府设立海军衙门，受命会同醇亲王奕譞办理海军事务。

光绪十二年（1886年）二月，命在内廷行走。

光绪十五年（1889年）正月，授右宗正。

光绪二十年（1894年），慈禧太后懿旨封庆亲王。

光绪二十六年（1900年）七月，留京会同李鸿章与各国议和。

光绪二十七年（1901年）六月，改总理各国事务衙门为外务部，奕劻仍总理外务部部事；九月，代表清政府签订《辛丑条约》。

光绪二十九年（1903年）三月，入军机处任领班军机大臣，仍兼领外务部管部大臣；旋命总理财政处、练兵处事务，集内外大权于一身。

光绪三十一年（1905年），充日、俄修订东三省条约全权大臣。

光绪三十三年（1907年），慈禧太后命奕劻兼管陆军部事。

光绪三十四年（1908年）十一月，晋封世袭罔替庆亲王。

宣统三年（1911年）四月，清政府裁撤军机处，奕劻任首届内阁总理大臣。袁世凯组阁后，改任弼德院总裁。劝说隆裕太后同意清帝逊位。清帝退位后，迁居天津英租界，后来又迁回北京庆王府。

1917年1月28日，病死，葬于北京昌平。

附录二

参考书目

一、档案与文献（以出版时间先后为序）

甘厚慈辑：《北洋公牍类纂》，京城益森印刷有限公司光绪丁未（1907年）初版。

甘厚慈辑：《北洋公牍类纂续编》，北洋官报兼印刷局代降雪斋书局印，清宣统二年（1910年）初版。

沈祖宪、吴闿生编：《容庵弟子记》，1913年铅印本。

徐世昌主编：《退耕堂政书》，1914年铅印本。

李慈铭著：《越缦堂日记》，上海商务印书馆1920年版。

闵尔昌辑：《碑传集补》，燕京大学国学研究所1923年版。

袁世凯著：《袁世凯家书》，上海中央书店1935年版。

凤冈及门弟子编：《三水梁燕孙先生年谱》（2册），1946年印行。

张一麐著：《心太平室集》，1947年印行。

中国史学会主编：中国近代史资料丛刊《辛亥革命》，上海人民出版社1957年版。

中国史学会主编：中国近代史资料丛刊《义和团》，上海人民出版社1957年版。

朱寿朋编：《光绪朝东华录》，中华书局1958年版。

戴执礼编：《四川保路运动史料》，科学出版社1959年版。

《锡良遗稿》，中华书局1959年版。

《刘坤一遗集》，中华书局1959年版。

北京大学历史系近代史教研室整理：《盛宣怀未刊信稿》，中华书局1960年版。

中国史学会主编：中国近代史资料丛刊《洋务运动》，上海人民出版社1961年版。

中国史学会主编：中国近代史资料丛刊《戊戌变法》，上海人民出版社1961年版。

爱新觉罗·溥仪著：《我的前半生》，群众出版社1964年版。

赵炳麟著：《赵柏岩集》，沈云龙主编：《近代中国史料丛刊》第31辑，（台北）文海出版社1969年版。

胡思敬著：《退庐全集》，沈云龙主编：《近代中国史料丛刊》第45辑，（台北）文海出版社1970年影印本。

赵尔巽等撰：《清史稿》，中华书局1976年版。

中国社会科学院近代史研究所中华民国史组编：《清末新军编练沿革》，中华书局1978年版。

《辛亥革命前十年间时论选集》，三联书店1978年版。

故宫博物院明清档案部编：《清末筹备立宪档案史料》（上下册），中华书局1979年版。

陈旭麓等主编：《辛亥革命前后——盛宣怀档案资料选辑之一》，上海人民出版社1979年版。

邹念之编译：《日本外交文书选译——关于辛亥革命》，中国社会科学出版社1980年版。

钱实甫编：《清代职官年表》，中华书局1980年版。

张国淦编著：《辛亥革命史料》，香港大东图书公司1980年印行。

胡滨译：《英国蓝皮书有关义和团运动资料选译》，中华书局1980年版。

杜春和、林斌生、丘权政编：《北洋军阀史料选辑》，中国社会科学出版社1981年版。

张集馨撰：《道咸宦海见闻录》，中华书局1981年版。

中国史学会主编：中国近代史资料丛刊《辛亥革命》，上海人民出版社1981年版。

中国人民政治协商会议全国委员会文史资料研究委员会编：《晚清宫廷生活见闻》，文史资料出版社1982年版。

《顾维钧回忆录》（第1卷、第2卷），中华书局1983年版。

孙宝瑄著：《忘山庐日记》，上海古籍出版社1983年版。

黄濬著：《花随人圣庵摭忆》，上海古籍出版社1983年版。

吴长翼编：《八十三天皇帝梦》，文史资料出版社1983年版。

丁文江、赵丰田编：《梁启超年谱长编》，上海人民出版社1983年版。

薛福成著：《庸盦笔记》，江苏人民出版社1983年版。

刘体智著：《异辞录》，上海书店1984年影印本。

中国第一历史档案馆编：《清代档案史料丛编》（第10辑、第11辑），中华书局1984年版。

朱传誉主编：《袁世凯传记资料》，（台北）天一出版社1979—1985年版。

陈夔龙著：《梦蕉亭杂记》，北京古籍出版社1985年版。

荣孟源、章伯锋主编：《近代稗海》，四川人民出版社1985—1989年版。

印鸾章著：《清鉴》，中国书店1985年影印本。

吴永口述，刘治襄记：《庚子西狩丛谈》，岳麓书社1985年版。

杜春和等编：《荣禄存札》，齐鲁书社1986年版。

《荣庆日记》，西北大学出版社1986年版。

《义和团史料》，上海人民出版社1986年版。

［澳］骆惠敏编，刘桂梁等译：《清末民初政情内幕》（上册），知识出版社1986年版。

国史馆编，王钟翰点校：《清史列传》，中华书局1987年版。

《清代野史》，巴蜀书社1987年版。

王彦威辑，王亮编：《清季外交史料》，书目文献出版社1987年影印本。

《清实录》咸丰朝，中华书局1987年版。

《清实录》同治朝，中华书局1987年版。

《清实录》光绪朝，中华书局1987年版。

《清代碑传全集》，上海古籍出版社1987年版。

《宣统政纪》，中华书局1987年版。

廖一中、罗真容整理：《袁世凯奏议》，天津古籍出版社1987年版。

沃丘仲子著：《近代名人小传》，中国书店1988年影印本。

陈春华、郭兴仁、王远大译：《俄国外交文书选译（有关中国部分·1911.5—1912.5）》，中华书局1988年版。

《徐世昌年谱》（上），《近代史资料》总69号，中国社会科学出版社1988年版。

来新夏主编：《北洋军阀》（1—5），上海人民出版社1988—1993年版。

袁英光、胡逢祥整理：《王文韶日记》，中华书局1989年版。

天津市档案馆编：《袁世凯天津档案史料选编》，天津古籍出版社1990年版。

天津市档案馆编：《北洋军阀天津档案史料选编》，天津古籍出版社1990年版。

中国第一历史档案馆编：《义和团档案史料续编》，中华书局1990年版。

章伯锋、李宗一主编：《北洋军阀》，武汉出版社1990年版。

沈桐生辑：《光绪政要》，江苏广陵古籍刻印社1991年版。

卞孝萱、唐文权编：《辛亥人物碑传集》，团结出版社1991年版。

中国第二历史档案馆编：《中华民国史档案资料汇编》（第1辑、第2辑），江苏古籍出版社1991年版。

天津历史博物馆编：《北洋军阀史料——袁世凯卷》，天津古籍出版社1992年版。

劳祖德整理：《郑孝胥日记》，中华书局1993年版。

丁贤俊、喻作凤编：《伍廷芳集》，中华书局1993年版。

《张謇全集》，江苏古籍出版社1994年版。

许指严著：《十叶野闻》，山西古籍出版社1995年版。

故宫博物院辑：《清光绪朝中日交涉史料选辑》，（台北）大通书局有限公司等1995年版。

中国第一历史档案馆编：《光绪朝朱批奏折》，中华书局1995年版。

中国第一历史档案馆编：《咸丰同治两朝上谕档》，广西师范大学出版社1996年版。

中国第一历史档案馆编：《光绪宣统两朝上谕档》，广西师范大学出版社1996年版。

刘成禺著：《世载堂杂忆》，辽宁教育出版社1997年版。

胡思敬著：《国闻备乘》，上海书店出版社1997年版。

金梁著：《光宣小记》，上海书店出版社1998年版。

张国淦著：《北洋述闻》，上海书店出版社1998年版。

张一麐著：《古红梅阁笔记》，上海书店出版社1998年版。

陶菊隐著：《政海轶闻》，上海书店出版社1998年版。

苑书义等编：《张之洞全集》，河北人民出版社1998年版。

陈瀛一著：《甘簃随笔》，中共中央党校出版社1998年版。

《袁世凯未刊书信稿》（上、中、下），中华全国图书馆文献缩微复制中心1998年编印。

《清末实录》，北京古籍出版社1999年版。

刘锦藻编撰：《清朝续文献通考》，上海古籍出版社2000年版。

严修著：《严修日记》，南开大学出版社2001年版。

王锡彤著，郑永福等校点：《抑斋自述》，河南大学出版社2001年版。

史晓风整理：《恽毓鼎澄斋日记》，浙江古籍出版社2004年版。

［日］佐藤铁治郎著，孔祥吉等整理：《一个日本记者笔下的袁世凯》，天津古籍出版社2005年版。

北京市档案馆编：《那桐日记》，新华出版社2006年版。

章开沅、罗福惠、严昌洪主编：《辛亥革命史资料新编》（1—8卷），湖北人民出版社2006年版。

文庆等纂辑：《筹办夷务始末》，上海古籍出版社2008年版。

顾廷龙、戴逸主编：《李鸿章全集》，安徽教育出版社2008年版。

许恪儒整理：《许宝蘅日记》，中华书局2010年版。

尚秉和撰：《辛壬春秋》，中国书店2010年版。

梁启超著：《戊戌政变记》，广西师范大学出版社2010年版。

窦坤等译著：《〈泰晤士报〉驻华首席记者莫理循直击辛亥革命》，福建教育出版社2011年版。

汪林茂编校：《汪康年文集》，浙江古籍出版社2011年版。

韩策、崔学森整理，王晓秋审订：《汪荣宝日记》，中华书局2013年版。

骆宝善、刘路生主编：《袁世凯全集》，河南大学出版社2013年版。

爱新觉罗·载沣著：《醇亲王载沣日记》，群众出版社2014年版。

杜镇远编：《叶遐庵先生年谱》（线装本），中国社会科学院近代史研究所图书馆藏。

沈云龙主编：《盛宣怀未刊信稿》，《近代中国史料丛刊》续编第13辑。

吴闿生著：《北江先生集》（线装本），中国社会科学院近代史研究所图书馆藏。

《李文忠公荣哀录》（线装本），中国社会科学院近代史研究所图书馆藏。

二、学术著作（以出版时间先后为序）

文公直著：《最近三十年中国军事史》，上海太平洋书店1920年版。

蒋方震著：《中国五十年来军事变迁史》，申报馆1923年版。

王守恂著：《天津政俗沿革记》，1948年刻本。

钱实甫著：《清代的外交机关》，北京三联书店1959年版。

黎澍著：《辛亥革命前后的中国政治》，人民出版社1961年版。

傅宗懋著：《清代督抚制度》，（台北）政治大学研究所1963年版。

李剑农撰：《戊戌以后三十年中国政治史》，中华书局1965年版。

曹汝霖著：《曹汝霖一生之回忆》，（台北）传记文学出版社1970年版。

［美］拉尔夫·尔·鲍威尔著，陈泽宪、陈霞飞译：《1895—1912年

中国军事力量的兴起》,《中华民国史资料丛稿》译稿,第1辑,中华书局1978年版。

朱沛莲编著:《清代之总督与巡抚》,(台北)文行出版社1979年版。

李宗一著:《袁世凯传》,中华书局1980年版。

章开沅、林增平主编:《辛亥革命史》(上下册),人民出版社1981年版。

[美]保罗·S·芮恩斯著,李抱宏、盛震溯译:《一个美国外交官使华记》,商务印书馆1982年版。

[美]李约翰著,孙瑞芹、陈泽宪译:《清帝逊位与列强》,中华书局1982年版。

彭泽益著:《十九世纪后半期的中国财政与经济》,人民出版社1983年版。

申君撰:《清末民初云烟录》,四川人民出版社1984年版。

刘厚生著:《张謇传记》,上海书店1985年影印本。

[美]费正清、刘广京编:《剑桥中国晚清史》,中国社会科学出版社1985年版。

张焘撰,丁绵孙等校:《津门杂记》,天津古籍出版社1986年版。

王尔敏著:《淮军志》,中华书局1987年版。

刘子扬编著:《清代地方官制考》,紫禁城出版社1988年版。

[美]吉尔伯特·罗兹曼主编:《中国的现代化》,上海人民出版社1989年版。

金冲及、胡绳武著:《辛亥革命史稿》,上海人民出版社1980—1991年版。

赵军著:《折断了的杠杆——清末新政与明治维新比较研究》,湖南出版社1992年版。

侯宜杰著:《二十世纪中国政治改革风潮——清末立宪运动史》,

人民出版社1993年版。

刘子明著：《中国近代军事史研究》，江西人民出版社1993年版。

苗长青著：《晚清官僚派别派系研究》，辽宁大学出版社1993年版。

韦庆远、高放、刘文远著：《清末宪政史》，中国人民大学出版社1993年版。

龙盛运主编：《清代全史》第7卷，辽宁人民出版社1993年版。

吴玉清、吴永兴编著：《清朝八大亲王》，学苑出版社1993年版。

［澳］冯兆基著，郭太凤译：《军事近代化与中国革命》，上海人民出版社1994年版。

樊百川著：《淮军史》，四川人民出版社1994年版。

苑书义著：《李鸿章传》，人民出版社1994年版。

谢俊美著：《翁同龢传》，中华书局1994年版。

胡福明主编：《中国现代化的历史进程》，安徽人民出版社1994年版。

谢俊美著：《政治制度与近代中国》，上海人民出版社1995年版。

许纪霖、陈达凯主编：《中国现代化史》（第1卷，1800—1949），上海三联书店1995年版。

朱英著：《晚清经济政策与改革措施》，华中师范大学出版社1996年版。

唐宝林、郑师渠著：《共和与专制的较量》，河南人民出版社1996年版。

［美］陈锦江著，王笛、张箭译：《清末现代企业与官商关系》，中国社会科学出版社1997年版。

刘小萌著：《爱新觉罗家族全史》，吉林人民出版社1997年版。

郭世佑著：《晚清政治革命新论》，湖南人民出版社1997年版。

殷啸虎著：《近代中国宪政史》，上海人民出版社1997年版。

王晓秋、尚小明主编：《戊戌维新与清末新政》，北京大学出版社1998年版。

吴春梅著：《一次失控的近代化改革——关于清末新政的理性思考》，安徽大学出版社1998年版。

张海鹏著：《追求集——近代中国历史进程的探索》，社会科学文献出版社1998年版。

熊志勇著：《晚清社会变迁中的军人集团》，天津人民出版社1998年版。

谢世诚著：《晚清道光咸丰同治朝吏治研究》，南京师范大学出版社1999年版。

萧功秦著：《危机中的变革——清末现代化进程中的激进与保守》，上海三联书店1999年版。

罗尔纲著：《晚清兵志》（第3—6卷），中华书局1997—1999年版。

戴逸、李文海主编：《清通鉴》，山西人民出版社2000年版。

周育民著：《晚清财政与社会变迁》，上海人民出版社2000年版。

郑曦原编：《帝国的回忆——〈纽约时报〉晚清观察记》，三联书店2001年版。

董丛林等主编：《清末直隶新政研究》，河北人民出版社2002年版。

周志初著：《晚清财政经济研究》，齐鲁书社2002年版。

刘伟著：《晚清督抚政治》，湖北教育出版社2003年版。

朱诚如主编：《清朝通史》第13卷，光绪宣统朝，紫禁城出版社2003年版。

朱东安著：《曾国藩集团与晚清政局》，华文出版社2003年版。

张德泽著 :《清代国家机关考略》,学苑出版社2004年版。

楚双志著 :《晚清中央与地方关系演变史纲》,中共中央党校出版社2006年版。

骆宝善著 :《骆宝善评点袁世凯函牍》,岳麓书社2005年版。

李乔著 :《清代官场图记》,中华书局2005年版。

萧一山编 :《清代通史》(共5册),华东师范大学出版社2006年版。

刘小萌著 :《正说清朝十二王》,中华书局2006年版。

凌冰著 :《最后的摄政王——载沣传》,文化艺术出版社2006年版。

张朋园著 :《立宪派与辛亥革命》,吉林出版集团有限责任公司2007年版。

马震东著 :《袁氏当国史》,团结出版社2008年版。

刘小萌著 :《清代八旗子弟》,辽宁民族出版社2008年版。

楚双志著 :《变革中的危机——袁世凯集团与清末新政》,九州出版社2008年版。

李志茗著 :《大变局下的晚清政治》,上海古籍出版社2009年版。

李剑农著 :《中国近百年政治史》,商务印书馆2011年版。

黎澍著 :《辛亥革命与袁世凯》,中国大百科全书出版社2011年版。

彭剑著 :《清季宪政编查馆研究》,北京大学出版社2011年版。

张玉法著 :《清季的立宪团体》,北京大学出版社2011年版。

刘小萌主编 :《清代满汉关系研究》,社会科学文献出版社2011年版。

马平安著 :《北洋集团与晚清政局》,辽海出版社2011年版。

龙翔、泉明著 :《最后的皇族——大清十二家"铁帽子王"轶事》,北京大学出版社2011年版。

李细珠著：《地方督抚与清末新政——晚清权力格局再研究》，社会科学文献出版社2012年版。

朱东安著：《晚清政治与传统文化》，百花文艺出版社2012年版。

郭廷以著：《近代中国的变局》，九州出版社2012年版。

李玉著：《晚清政治经济史论》，三联书店2013年版。

苏同炳著：《中国近代史上的关键人物》，百花文艺出版社2013年版。

马平安著：《中国近代政治得失》，华文出版社2014年版。

马平安著：《晚清非典型政治研究》，华文出版社2014年版。

三、报刊杂志

《东方杂志》、《政治官报》、《京报》、《时报》、《申报》、《盛京时报》、《清议报》、《大公报》、《北洋官报》、《近代史资料》、《天津文史资料》、《文史资料选辑》。